W0176733

WDR

Claudia Wietfeld
Andrea Wirtz

Ruhrpott 2

Neue Rezepte aus dem Revier

 Landwirtschaft*verlag*

Die besten Ideen kommen beim Essen und so ist es in unserer Redaktion kein Geheimnis, wo die Idee zu der Ruhrpottkochserie das Licht der Welt erblickt hat. In der Kantine des Dortmunder WDR-Studios – an dem Fenstertisch mit der guten Aussicht auf den Innenhof. Was es zu Mittag gab, ist nicht mehr überliefert – aber es muss schon gut gewesen sein, denn die Idee, die da so beim Essen kam, hat sich blitzschnell durchgesetzt.

In der „Lokalzeit aus Dortmund" bitten wir Berufene an den Herd: Profis aus Restaurants, aber auch aus den Kantinen des Reviers. Und natürlich auch Menschen, die gut und gerne kochen: Landfrauen und Hausfrauen, Einheimische und Zugewanderte, Frauen und Männer, deren Leidenschaft das Kochen ist.

In unserer „Ruhrpott"-Serie stellen wir diese Rezepte vor – mit dem „Ruhrpott"-Kochbuch können Sie alles ganz einfach nachkochen. Mit viel Liebe zu den Menschen in unserer Region und ihren Rezepten haben Claudia Wietfeld und Andrea Wirtz auch diesmal die Ruhrpottrezepte gesammelt und erst in die „Lokalzeit aus Dortmund" und jetzt zum zweiten Mal zwischen die Buchdeckel des Ruhpottkochbuches gebracht. Dafür danke ich, denn unsere Ruhrpötte gehören zu den Markenzeichen des WDR-Studios Dortmund.

Und nun sind Sie am Zuge: Lassen Sie sich einladen und von den vielen Rezepten verführen. Aber Vorsicht: Wenn Sie erst einmal angefangen haben, in diesem Kochbuch zu lesen, dann werden Sie so schnell nicht damit aufhören – denn von Seite zu Seite gibt es viel zu entdecken.

Wenn Sie sich dann satt gelesen haben, kommt bestimmt auch der Hunger, aber den können Sie leicht in Schach halten: leckeres Essen – das ist schließlich die Stärke des Reviers und das gemeinsame Motto aller Ruhrpötte.

Viel Freude beim Lesen und Kochen!

Erdmann Linde

Erdmann Linde
(Studioleiter)

Die Ruhrpott-Story

Rechte Seite:

Die beiden Autorinnen Claudia Wietfeld und Andrea Wirtz beim Geschmackstest. Urteil: Die Erdbeerschnitten von Anni Peters sind erste Sahne.

Oben:

Kameramann Rainer Eling auf der Suche nach der besten Einstellung: Glasscheibe aufs Objektiv und Schnippeln!

Oben rechts:

Und so sieht das Ganze in der Nahaufnahme aus: Für schöne Aufnahmen nehmen Kameraleute und Köche fast alles auf sich ...

Rechts:

Zwei unserer bewährten „Ruhrpott"-Cutterinnen: Kirstin ter Jung und Gabriela Möllemann bei der Auswahl der schönsten Bilder. Hier an den WDR-Schnittplätzen entstehen die „Ruhrpott"-Beiträge für die „Lokalzeit aus Dortmund" – eine tolle, aber auch sehr aufwändige Arbeit.

Dirk Vogel hat die Gerichte für dieses Buch fotografiert und ab und an durfte er auch mal probieren.

Jan Möllmann hat alle Rezepte nachgekocht und für die Fotos penibel arrangiert.

Kamerafrau Stephanie Schenk gibt alles, wenn es um das ganz besondere Bild geht.

Birgit Ambrosius (Dortmund)

Cranberry-Pfirsich-Auflauf mit Nussteig-Kruste

1 Beutel Cranberries	ca. 3 Minuten mit wenig Wasser kochen, bis sie aufplatzen. Mit
Soßenbinder	eindicken,
Zucker nach Geschmack	dazugeben. Cranberries und
1 kleine Dose Pfirsichspalten	in eine gebutterte Auflaufform geben.
	Für die Kruste
1 ½ Tassen Mehl	
1 ¼ Tasse braunen Zucker	
3 EL Ahornsirup	
¼ Tasse Pecannüsse	
(Walnüsse oder Mandeln)	
1/3 Tasse zerlassene Butter	zu einem Teig vermengen und über die Früchte krümeln. 35–40 Minuten bei 175 °C backen, lauwarm mit flüssiger Sahne oder Vanille-Eis servieren.

Birgit Ambrosius

„Ich koche gerne, weil ich gerne esse", strahlt Birgit Ambrosius. Die Begeisterung fürs Kochen sieht man ihrer modernen, gemütlichen Küche in der Dortmunder Gartenstadt sofort an: eine ganze Regalwand voller Kochbücher aus der ganzen Welt und Koch-Notizen. „Wie ist der Salat angemacht, wie die Soße verfeinert?", fragt sie sich, wenn sie in einem Restaurant isst – und probiert es zu Hause gleich selbst aus. Ihr größter Küchenschatz ist ein handgeschriebenes Kochbuch mit den Rezepten von Mutter und Großmutter.

Aber nicht nur Hausmannskost schmeckt richtig gut. Dass auch die Amerikaner mehr auf den Teller bringen als Big Mac, beweist Birgit Ambrosius immer wieder gerne. Sie war einmal Leiterin des Deutsch-Amerikanischen Clubs in Dortmund und hat in dieser Zeit viele amerikanische Rezepte ausprobiert.

Die größte Herausforderung in der Küche war für sie ein 32 Pfund schwerer Turkey, den sie für eine Thanksgiving-Party in den Backofen geschoben hat – diagonal und stramm gefesselt.

PRODUKT*INFO* **Cranberry**

S eit einigen Jahren erobern die Beeren aus Nordamerika unsere
Gärten. Die rubinrote Kranichbeere, wie die Cranberry bei uns
heißt, ist prallgefüllt mit Vitaminen und Mineralstoffen. Sie
schmeckt herb, aber in Verbindung mit Zucker wird sie zu einem köstlichen Kompott oder Gelee.

Frische Cranberries bekommt man bei uns nur zur Erntezeit zwi-
schen September und Januar. Tiefgefrorene Früchte sind das ganze
Jahr über erhältlich. Angebaut werden die Beeren in den USA und in
Kanada.

Bereits die Indianer schätzten die Frucht – nicht nur zum Verzehren, sondern auch als Heilmittel. Ihren Namen erhielten die Cranberries 1620 von den Pilgrim Fathers. Die Blüten der Pflanze erinnerten
sie an den Kopf eines Kranichs: „Crane Berry" – was später zu Cranberry zusammengefasst wurde.

Birgit Ambrosius (Dortmund)

Quiche mit Meeresfrüchten
(Seafood-Quiche)

125 g Mehl	
75 g Soßenbinder	
125 g Butter	
1 Eigelb	
4 EL Eiswasser	
Salz	vermengen, in Frischhaltefolie einrollen und in den Kühlschrank legen. Für den Belag
½ Tasse Mayonnaise	
½ Tasse Milch	verquirlen,
2 Eier	dazugeben, ebenso
2 zerdrückte Knoblauchzehen	
2 EL Mehl	
italienische Kräuter (Thymian, Oregano, Rosmarin)	
Cayennepfeffer	
	dann
250 g Crabmeat (ersatzweise: Surimi)	
330 g Shrimps	sowie
220 g geriebenen Emmentaler	
	zum Schluss
1/3 Tasse in Ringe geschnittenen Frühlingszwiebeln.	

Den gekühlten Teig in einer Springform ausrollen.
Den Belag darauf verteilen. Bei 200 °C ca. 20–30 Minuten
zu goldbrauner Farbe backen.

PRODUKT*INFO* Quiche

Ob Gemüse, Speck, Käse, Kartoffeln oder Reste vom Sonntagsbraten – für eine Quiche kann man alles verwerten. Der herzhafte runde Kuchen aus Frankreich ist das typische Montagsessen der Franzosen.

Grundlage ist immer ein Mürbe- oder Blätterteig, der in einer Springform oder einer runden Form aus ofenfestem Porzellan gebacken wird. Wichtig zum Gelingen der Quiche: Der Mürbeteig muss bei der Zubereitung gut gekühlt sein, die Butter darf nicht warm werden. Den Teig sollte man in der Quicheform mit einer Gabel einstechen, damit er beim Backen nicht hoch

kommt. Die Quiche Lorraine (Lothringer Specktorte) ist die ursprüngliche Variante – belegt mit geräuchertem Speck, übergossen mit Eiern und Schmand.

Heute wird eine Quiche in unzähligen Variationen zubereitet. Besonders beliebt ist der Belag aus Spinat und Lauch. Aber auch andere Gemüsesorten eignen sich – wie Lauch, Zucchini, Porree, sogar Spargel. Würziger Käse, Hackfleisch, Oliven oder Meeresfrüchte – eine Quiche kann jeder nach Geschmack zubereiten.

Serviert wird sie als Häppchen zwischendurch oder als Hauptmahlzeit mit einem kleinen Salat zu einem Glas Wein oder Bier.

Hausbrauerei Boente, Michael Kruszinski
(Recklinghausen)

Hähnchenroulade mit Tomatenbandnudeln und Rucola

400 g Hähnchenbrustfilet	plattieren, mit
Salz und Pfeffer	würzen und auf Frischhaltefolie legen.
500 g frischen Blattspinat	blanchieren,
½ gelbe Paprikaschote	in feine Streifen schneiden. Beides auf die Hähnchenbrust legen und diese zu einer Roulade rollen. Diese Rolle nochmals in Alufolie einrollen und die Enden fest zudrehen. Die Roulade 25 Minuten in kochendem Wasser garen. Danach aus dem Wasser nehmen, abkühlen lassen und nach dem Entfernen der Folie in dicke Scheiben schneiden.
60 frische Bandnudeln	nach Anweisung kochen, abgießen und kurz abschrecken.
2 Tomaten	entkernen und in feine Würfel schneiden.
Thymian und Rosmarin	fein hacken.
1 Schalotte, 2 Knoblauchzehen	
getrocknete Tomaten	fein würfeln.
	Eine Pfanne mit
Olivenöl	erhitzen und die Schalotten, den Knoblauch und die getrockneten Tomaten darin abschwenken. Die Bandnudeln dazugeben und mit den gehackten Kräutern kurz anbraten.
½ Dose Tomaten	mit etwas Saft dazugeben (vorher evtl. klein schneiden). Mit
Salz, Pfeffer und Sambal Oelek	abschmecken.
	Für den Rucolasalat wird ein Balsamico-Dressing hergestellt: Dazu
50 g Zucker	in einem heißen Topf oder einer Pfanne karamellisieren und
100 ml Balsamico	unterrühren. Etwas eindicken lassen.
Rucola	damit beträufeln und rund um den Teller legen.
	Die Bandnudeln in die Mitte des Tellers geben und die Hähnchenroulade darauflegen. Mit
etwas Petersilie	und
in Streifen geschnittenen trockenen Tomaten	garnieren.

Michael Kruszinski kocht bei Boente

in Recklinghausen, einem Restaurant mit eigener Bierbrauerei. Das Boente-Bier findet in vielen seiner Rezepte Verwendung – vor allem in den Saucen, denn die sind die heimliche Leidenschaft des Küchenchefs. Ansonsten hat auch für Michael Kruszinski Frische oberstes Gebot. Gekocht wird mit saisonalen Produkten, wie zum Beispiel der „Rauke".

Lange Jahre führte sie ein Schattendasein in deutschen Küchen, erst als „italienischer Rucola" erlebte sie dann vor einigen Jahren einen regelrechten Boom. Das aromatische, leicht scharfe Kraut ist im Salat, auf der Pizza oder als Pesto zum Feinschmeckergemüse aufgestiegen.

Wie fast alle Blattsalate neigt allerdings auch Rucola dazu, Nitrat anzusammeln. Deshalb sollten Sie beim Einkauf wenn möglich zu biologisch angebautem Rucola greifen. Wer den Salat im eigenen Garten zieht, erntet die Blätter am besten am Nachmittag. Dann ist der Nitratgehalt am niedrigsten.

Michael Kruszinski

Emu-Steak mit Ananas-Salsa

	Alufolie mit
grobem Meersalz	bestreuen.
4 große Kartoffeln	darin einrollen und für ca. 1 Stunde bei 180 °C in den Backofen geben.
	Für die Salsa
1 mittelgroße Ananas	schälen, vierteln und in kleine Stücke schneiden.
2 Chilischoten	halbieren, entkernen und in feine Streifen schneiden.
100 g Frühlingszwiebeln	in dünne Scheiben schneiden,
2 rote Zwiebeln	würfeln,
4 Tomaten	entkernen und würfeln,
1 Bund frischen Koriander	hacken.
Zwiebeln und Ananas	in
Olivenöl	anbraten und mit
2 TL braunem Zucker	würzen. Chili, Zwiebeln, Tomaten und Koriander nach und nach dazugeben, mit
Salz und Pfeffer	abschmecken und 10 Minuten garen.
4 Emu-Steaks	in der Pfanne oder auf dem Grill von beiden Seiten ca. 3 Minuten braten und mit
Salz und Pfeffer	würzen.
125 g Butter	zerlassen und mit
30 g grünem Pfeffer	verrühren. Die Ofenkartoffeln damit begießen. Die Salsa mit dem in Scheiben geschnittenen Steak portionsweise anrichten.

TIPP

Sowohl Emu- als auch Känguruhfleisch besitzt keinerlei Cholesterin, es ist deshalb besonders interessant für Menschen mit Cholesterin-Problemen.

Die Emu-Steaks nicht durchbraten, weil das Fleisch sonst zu trocken wird.

Sie möchten essen und trinken wie in „Down Under"?

Dann sind Sie richtig im „Boomerang". Dortmunds einziger australischer Pub & Grill bietet vom tasmanischen Apfelkuchen bis zu Känguruh und Krokodil jede Menge Spezialitäten inklusive dem passenden Import-Getränk.

Die Idee zum Pub kam Martin Hartl vor sieben Jahren. Da hatte der gebürtige Münchener schon bei vielen namhaften Köchen gelernt und jede Menge Erfahrungen gesammelt. Ob in Düsseldorf, der Schweiz und auf den Bahamas – die Leidenschaft zum Kochen hat ihn immer angetrieben. Angefangen hat seine Liebe zum guten Essen 1984 mit seinem ersten Praktikum in einer Hagener Hotelküche. Seitdem ist Martin Hartl Wahl-Revierbürger und trotz Fernweh immer wieder zurückgekehrt.

Mit dem „Boomerang" wollen er und sein Team das Ambiente für einen Kurzurlaub in „Down Under" bieten – Erinnerungen austauschen, träumen und fachsimpeln: Das wird besonders attraktiv bei den Spezial-Menüs „all you can eat". Dann gibt es so viele Gambas, chicken wings oder spare ribs, wie das Herz begehrt.

Martin Hartl

Känguruh-Carpaccio

200 g Känguruh-Rücken in Frischhaltefolie wickeln und ca. 2 Stunden ins Tiefkühlfach legen. Anschließend in hauchdünne Scheiben schneiden.

2 Bund Rucola portionsweise auf Tellern verteilen und das Fleisch darauf anrichten.

Balsamicoessig
Salz, Pfeffer
Olivenöl zu einem Dressing verrühren und über das Carpaccio geben.
Parmesankäse grob raspeln und darüberstreuen.

PRODUKT*INFO* **Känguruh**

Känguruhs leben auf dem australischen Kontinent. Die Pflanzen- und Pilzfresser sind überwiegend nachtaktiv. Sie leben ausschließlich in freier Wildbahn und werden nicht gezüchtet. Da sich Känguruhs sehr schnell fortpflanzen, muss der Tierbestand durch die Jagd kontrolliert werden – pro Jahr werden ca. 2 Millionen der Beuteltiere verarbeitet. Trotzdem ist keine der vier Känguruharten gefährdet oder vom Aussterben bedroht.

Das Fleisch zeichnet sich sowohl durch seinen feinen Geschmack als auch durch seinen hohen Nährwert aus. Geschmacklich lässt es sich mit Wild vergleichen. Es ist fettarm und proteinreich und gilt deshalb bei Ernährungswissenschaftlern als gute Alternative zu Rind, Schwein oder Lamm. Tests deuten sogar darauf hin, dass der regelmäßige Verzehr die Wahrscheinlichkeit von Diabetes und Thrombosen verringert.

Der zarte Eigengeschmack kommt kurz gebraten am besten zum Ausdruck. Da das Fleisch leicht trocken wird, sollte es erst am Schluss gewürzt werden. Als Beilage passen Süßes wie Preiselbeeren oder aromatische Gewürze.

Zanderfilet mit Limonen-Kräuterkruste

Wenn Sie die Nudeln selber machen wollen, sollten Sie damit beginnen, denn der Teig muss eine Stunde ziehen.

300 g Mehl auf eine Arbeitsplatte sieben, in die Mitte eine Mulde drücken,
3 Eier
½ TL Salz
1 EL Olivenöl hineingeben. Die Zutaten mit einer Gabel oder einem Löffel verrühren und zu einem Teig verkneten, evtl. etwas Wasser zugeben und anschließend den Teig in einer Folie ziehen lassen. Nach 1 Stunde den Teig in der Nudelmaschine langsam ausrollen, den Vorgang so oft wiederholen, bis die Nudeln schön dünn sind. Alternativ nehmen Sie 500 g frische Bandnudeln (Tagliatelle).

Für die Kräuterkruste

TIPP

Sie können die Nudeln natürlich auch fertig kaufen: In italienischen Lebensmittelgeschäften gibt es sie in vielen Varianten frisch.

je 1 Zweig Estragon und Dill von den Stielen befreien und zusammen mit
1 Bund Schnittlauch sehr fein hacken.
2 EL Butter in einem Topf erwärmen (nicht zu heiß werden lassen!),
50 g Paniermehl
Salz, Pfeffer
je 1 EL gehackten Rosmarin und Thymian sowie
Dill und Estragon dazugeben.

Dieckmann's

Gegründet wurde das „Dieckmann's" an der Wittbräuckerstraße 1774 als Fuhrmannsschänke und Pferdestation. Schon damals wurde in der großen Scheune ausgelassen gefeiert und getrunken. Die Wirtin musste sich mit Stocheisen und Pfefferstreuer übermütige Verehrer vom Leib halten, das zumindest berichtet die Chronik. An Wochenenden kamen – wie heute – die Menschen aus der Stadt, um sich im Grünen zu erholen. Im Krieg fanden ausgebombte Bürger im „Dieckmann's" Unterschlupf und am hauseigenen Brunnen konnten sich die Nachbarn mit Trinkwasser versorgen. In den 50ern wurde das „Dieckmann's" wieder zum beliebten Ausflugsziel, ab 1958 mit Minigolfanlage.

2002 ist das alte Gemäuer komplett renoviert worden. Die Geschäftsführung setzt auf frische mediterrane Küche, doch das „Dieckmann's" bietet auch Cocktails, kuschelige Abende am Kamin und ausgelassene Partys am Wochenende.

Wie 1774 bleibt das Restaurant am Fuße der Hohensyburg ein lohnender Ausflugstipp – mit großem Biergarten, Kinderspielplatz und Waldminigolf. Besonders verlockend: der Sonntags-Brunch und das montägliche Pasta-Buffet. Und wer danach lieber nicht mehr nach Hause möchte, kann im „Dieckmann's" auch übernachten. Denn das stilvolle Gemäuer zwischen Wald und Wiesen ist auch ein Hotel.

Schale von ½ Limone	fein reiben und mit
50 g frischem geriebenem Parmesan	unterrühren. Alles gut zu einem festen Teig vermengen. Dann die Masse zugedeckt eine halbe Stunde ruhen lassen.
6 Tomaten	in Salzwasser abziehen, vierteln, das Kerngehäuse entfernen und das Fruchtfleisch würfeln.
2 Auberginen, 2 Zucchini, 1 gelbe Paprika	waschen und von den Strünken befreien. Zucchini und Auberginen vierteln, Paprika und
2 rote Zwiebeln	würfeln.
4 Knoblauchzehen	in feine Scheiben schneiden.
800 g Zanderfilet	auf der Hautseite einschneiden, mit
dem Saft von 1 Zitrone	begießen, mit
Salz	würzen und in
Mehl	wälzen.
	Ab jetzt läuft alles parallel: Den Fisch in
Olivenöl mit etwas Butter	auf beiden Seiten anbraten. Nach dem Wenden die Kräuterkruste auf die Filets geben und 10–12 Minuten im Ofen bei 180 °C überbacken.
	Paprika, Auberginen, Zucchini, Zwiebeln und Knoblauch in
Olivenöl	anbraten, dann die gewürfelten Tomaten dazugeben und mit
Salz und Pfeffer	abschmecken.
	Die Nudeln in reichlich Salzwasser al dente kochen, abschrecken, in einer Pfanne mit
etwas Butter	anschwenken und mit
Salz und Muskat	würzen.
	Die Fischfilets auf dem Gemüse anrichten, die Nudeln mit einer Gabel gerollt anlegen und das Ganze mit
frischem Basilikum, Limonenecken und Kirschtomaten	dekorieren.

TIPP

Dirk Selleny arbeitet in seiner Küche mit ganzen Fischen. Er rät Ihnen aber, die Fischfilets vom Händler filieren und die Gräten ziehen zu lassen.

Dieckmann's Gastronomie, Dirk Selleny (Dortmund)

PRODUKT*INFO* **Limette**

Die Ursprungsregion der Limette liegt in den Himalayatälern Südostasiens. Wegen ihres hohen Vitamin-C-Gehalts (30 mg pro 100 g Fruchtfleisch!) wurde sie im Mittelalter von Seefahrern auf längeren Schiffsreisen mitgeführt – als Vorbeugung gegen Skorbut.

Limetten sehen der Zitrone zwar sehr ähnlich, aber sie sind kleiner und haben eine grüne, glatte und sehr dünne Schale. Sie enthalten doppelt so viel Saft wie ihre gelbe Verwandte und so gut wie keine Kerne. Ihr Geschmack ist weniger sauer, dafür besitzen sie ein intensiv würziges Aroma.

Neben Vitamin C enthalten Limetten hauptsächlich Calcium, Kalium und Phosphor – ihr regelmäßiger Konsum ist also nicht nur sehr schmackhaft, sondern er leistet gleichzeitig einen wertvollen Beitrag zur Steigerung der Abwehrkräfte.

Der Saft der Limette wird bei der Zubereitung von Marinaden, Süßspeisen und Cocktails verwendet, ihre Schalen eignen sich – wie auch bei diesem Rezept – zum Würzen von mediterranen Fischgerichten oder Kuchen. Limetten lassen sich bis zu drei Wochen lagern.

Übrigens: Limetten werden – wie in diesem Rezept – häufig auch als „Limonen" bezeichnet. Manche Fachleute meinen allerdings, dass dies nur ein anderer Name für die Zitrone ist …

Dieckmann's Gastronomie, Dirk Selleny (Dortmund)

Maispoulardenbrust mit Pfifferlingen und Steinpilzrösti

4 Maispoulardenbrüste (oder Hähnchenbrüste) mit kaltem Wasser abwaschen und trockentupfen. Mit einem Messer eine Tasche ins Fleisch schneiden, die wird später mit den Pfifferlingen gefüllt.

8 Minimaiskölbchen (oder grünen Spargel)
8 Möhren, 16 Zuckerschoten
1 Kopf Brokkoli
1 Bund Frühlingszwiebeln putzen, die Spargelenden entfernen, die Maiskölbchen halbieren, den Brokkoli in Röschen zerteilen, die Möhren schälen und fingerförmig modellieren.

2 Schalotten schälen und ebenfalls würfeln.

1 kg Kartoffeln schälen und mit einer Küchenmaschine oder von Hand reiben.

300 g frische Steinpilze putzen und grob würfeln.

1 Zweig glatte Petersilie fein hacken.

Für die Rösti die geriebenen Kartoffeln, die Hälfte der Steinpilzwürfel, die Schalottenwürfel und die Petersilie gut vermengen und mit

Salz, Pfeffer und Muskat würzen. Die Rösti in

etwas Öl von beiden Seiten scharf anbraten und auf ein Backblech legen. Für die Füllung

500 g frische Pfifferlinge mit einem Messer putzen und in fein würfeln.

2 gewürfelte Schalotten in

etwas Öl glasig dünsten, die Hälfte der Pfifferlinge dazugeben und die Mischung mit

Salz, Pfeffer und den Blättchen von

1 Zweig Thymian, 1 Zweig Rosmarin würzen.

Die abgekühlte Füllung auf die Fleischtaschen verteilen und die Öffnung mit der Poulardenhaut verschließen. Das Fleisch würzen und von beiden Seiten gut anbraten, die Hautseite zuerst. Die Poulardenbrüste zu den Rösti auf das Backblech legen und alles zusammen ca. 10–12 Minuten bei 180 °C im Ofen nachgaren lassen.

In der Zwischenzeit das Gemüse kochen, bis es bissfest ist, in Eiswasser abschrecken, damit Farbe und Vitamine erhalten bleiben. Kurz vor dem Servieren das Gemüse mit

8 Kirschtomaten und

angebräunten Mandelstiften in

50 g Butter anschwenken.

	Für die Sauce
100 g Schalotten	in
etwas Öl	glasig andünsten, die restlichen Pfifferlinge und Steinpilze untermischen, mit
Salz, Pfeffer, gehackter glatter Petersilie	würzen, nach Belieben
etwas gepressten Knoblauch	dazugeben. Die Mischung mit
0,1 l Kalbsjus oder Bratenfond	
0,1 l Weißwein, 0,5 l Sahne	ablöschen und sämig einköcheln.

TIPP

*Falls Ihnen das Parallel-Arbeiten bei diesem
Rezept zu anstrengend ist: Sie können die Rösti
als auch die Poulardenbrust samt Füllung so
weit vorbereiten, dass sie nur noch 12 Minuten
in den Ofen müssen, wenn die Gäste kommen.
Auch das Gemüse können Sie vorgaren und im
Eiswasser „zwischenparken".*

Jeweils eine Poulardenbrust auf einem Rösti anrichten, das
Gemüse darum dekorieren, die Pilzsauce dazugeben.

Indischer Sommersalat in Curryrahm

Verschiedene Blattsalate
(Eisberg, Radicchio, Chicoree) waschen und klein schneiden.
2–3 Frühlingszwiebeln waschen und in kleine Stücke schneiden. Beides gut vermengen. Für das Dressing

200 g Naturjoghurt, 200 ml Sahne
200 ml saure Sahne
2 EL Salatmayonnaise
Salz, Pfeffer
6 TL Currypulver, 1 Prise Zucker in eine Schüssel geben, gut verrühren und zum Schluss mit
etwas Orangensaft oder anderen Obstsäften verfeinern.
800 g Hähnchenbrust säubern und mit
etwas Salz, Pfeffer und Curry würzen.
1 Ananas (frisch oder aus der Dose)
2–3 kleine Bananen schälen und in kleine Stücke schneiden. Die Hähnchenbrust in
etwas Öl von beiden Seiten etwa 5 Minuten braten.
In einer zweiten Pfanne
Sonnenblumenkerne in
etwas Butter anbräunen, dann die Ananas- und die Bananenstücke dazugeben und goldbraun braten.
Den Salat mit dem Dressing, dem Obst und der geschnittenen Hähnchenbrust auf einem Teller anrichten. Dazu passt sehr gut etwas Baguette oder auch Reis.

Familie Einhaus

Auf der Grenze zwischen Ruhrgebiet und Münsterland finden Sie den „Jägerhof Einhaus". Hier kochen Doris und Rudolf Einhaus, aber auch die Söhne Alexander und Moritz dürfen ab und an schon mal in den Töpfen rühren. Weil viele Radler bei Familie Einhaus Station machen, stehen auch leichte Gerichte auf der Karte.

Der „Indische Sommersalat mit Hähnchenfilet" ist so ein beliebtes Essen für sportliche Menschen. Was die grünen Blätter besonders auszeichnet: Sie sind gesund, liegen nicht schwer im Magen und machen nicht dick. Kein Wunder, denn Salat besteht hauptsächlich aus Wasser, ist aber dennoch sehr nährstoffreich. Die meisten Salate enthalten Betacarotin, verschiedene Vitamine sowie viele Mineralstoffe. Günstig für den Stoffwechsel ist der niedrige Natrium- und der hohe Kaliumgehalt. Ein Verhältnis, das entwässernd wirkt. Wer es besonders gesund mag, der sollte sich ein Beispiel an den Südeuropäern nehmen: Sie essen Salate ohne aufwändiges Dressing. Meist reichen Olivenöl, Salz und Zitronensaft.

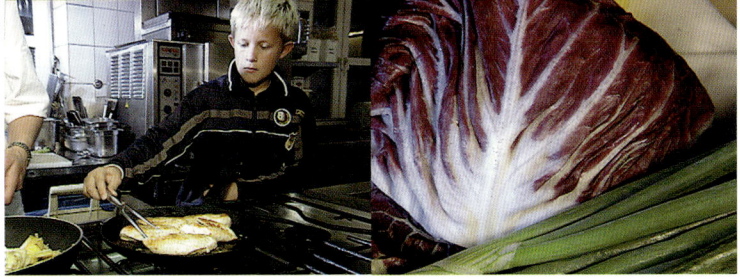

Gisbert-von-Romberg-Berufskolleg, Frank Ottersbach (Dortmund)

Taubenbrust im Bärlauch-Schinken-Mantel mit buntem Linsengemüse

	Die Brüste und Keulen von
4 frischen Tauben	auslösen und von der Haut befreien.
	Die Knochen in
Fett	anrösten. Grobe Würfel von
je 100 g Sellerie und Karotten	
200 g Zwiebeln	zugeben und alles schon braun rösten.
60 g Tomatenmark	
60 g Rübenkraut	zugeben und mit
½ l Rotwein	
½ l Geflügelfond	ablöschen.
1 Lorbeerblatt	dazugeben und alles ca. 2 ½ Stunden köcheln lassen, anschließend durch ein Sieb passieren und so lange weiter ziehen lassen, bis die Sauce schön sämig ist. Das Fleisch von den Keulen klein schneiden,
2 Stubenkükenbrüste	würfeln. Das Fleisch mit
Salz, Pfeffer, Muskat, Kardamom und Koriander	würzen und mit
300 g Sahne	und
100 g Bärlauchpüree	in einer Küchenmaschine zu einer Farce verarbeiten. Von
200 g Westfälischem Schinken	zwei Scheiben Schinken pro Person auf Klarsichtfolie ausbreiten und mit der Farce bestreichen. Jeweils zwei Taubenbrüste auflegen und einschlagen. Mit der Klarsichtfolie in Alufolie wickeln und im Wasserbad oder einem Dämpfer bei 80 °C für 12 Minuten gar ziehen lassen. Für den Thymian-Schaum
200 ml Geflügelbrühe, 200 ml Milch etwas Sahne	
1 zerkleinerte Knoblauchzehe	auf ein Drittel einreduzieren lassen.
60 g kalte Butterwürfel	und
gezupften Thymian	dazugeben und aufschäumen. Mit
Salz und Pfeffer	abschmecken.
120 g gemischte Linsen (z.B. rote, gelbe, Puy-, Champagner- und Teller-Linsen)	einweichen, Puy- und Champagnerlinsen in Salzwasser abkochen. Alle Linsen abschütten.
Je 60 g Karotten und Sellerie je 40 g rote und gelbe Paprika je 40 g Zucchini und Schalotten	putzen und mit
40 g Kochschinken	in feine Würfel schneiden. Die Schalotten und den Schinken in
50 g Butter	anschwitzen und anschließend das Gemüse und die Linsen zugeben.
60 g Crème fraîche	unterrühren und mit

Frank Ottersbach

Mit dem Wahlfach Kochen fing alles an – seit dem 14. Lebensjahr stand sein Berufswunsch fest. Heute ist Frank Ottersbach längst der klassischen Gastronomie entwachsen. Er ist Lehrer, staatlich geprüfter Hotelbetriebswirt und seit 2001 Trainer der Jugendnationalmannschaft im Verband der Köche Deutschlands. Seoul, Dublin, Luxemburg – das sind die Erfolgsstationen seiner Nachwuchstalente. In diesem Jahr tritt Marc Kipson vom Gisbert-von-Romberg-Berufskolleg in Moskau gegen eine weltweite Konkurrenz an. Den Stress solcher Wettbewerbe kennt Frank Ottersbach aus eigener Erfahrung – etliche Gold- und Silbermedaillen hat er selbst geholt.

Seit 1998 gibt er sein Wissen in Dortmund weiter – mit großem Erfolg. Denn auch in regionalen Wettbewerben haben die Schüler des Berufskollegs immer wieder die Nase vorn.

Verantwortlich für die Gesamtausbildung: die Schulleiterin Doris Plum-Eßmann. Sie hat etliche Spitzenkräfte wie Frank Ottersbach an ihre Schule geholt, denn dort weiß man: Nur optimale Startbedingungen sind für den heutigen Arbeitsmarkt gut genug. Auszeichnungen und Preise sind da genau die richtige Motivation.

Salz und Pfeffer	abschmecken.
240 g Kartoffeln, 200 g Petersilienwurzel	schälen und in Stücke schneiden. In Salzwasser kochen, abschütten und ausdampfen lassen. Das Gemüse zerstampfen oder durch eine Presse drücken.
100 ml Sahne, 100 ml Milch	aufkochen und mit
40 g Butter	unter die Kartoffelmasse arbeiten. Mit
Salz, Pfeffer und Muskat	abschmecken.
	Alles zusammen anrichten.

Annette Heine (Herten)

Kürbis
süß-sauer eingelegt

Wenn Sie einen Kürbis süß-sauer einlegen wollen, muss dieser zunächst sorgfältig ausgehöhlt werden. Am besten erst (mit einem scharfen Messer) um den „Stiel" herum einschneiden und das Mittelstück herausziehen. Dann den Kürbis in der Mitte durchschneiden und die faserigen Innenteile samt Kürbiskernen mit einem Löffel oder mit der Hand entfernen (die Kürbiskerne können Sie im Backofen rösten und zum Beispiel beim Brotbacken weiterverwenden).

Als nächstes wird der Kürbis in schmale Streifen zerteilt, mit dem Messer noch einmal etwas gesäubert und dann in kleine mundgerechte Stücke geschnitten.

Für eine große Schüssel mit Kürbisstücken, das ist benötigt man

etwa ein halber Kürbis mittlerer Größe,
3 Tassen Tafelessig
6 Tassen Zucker
3 Stangen Zimt.

Alles gut mit den Kürbisstückchen vermengen und 24 Stunden ziehen lassen. Der Kürbis gibt dann eine große Menge Wasser ab.

Zuletzt kurz aufkochen und in Einmachgläser abfüllen.

Die Gläser verschließen und in etwa 60 °C warmem Wasser 10 Minuten erhitzen. So hält sich der Kürbis 2 Jahre.

Annette Heine

PRODUKT*INFO* **Halloween**

Kürbisse und Halloween – das gehört unbedingt zusammen. Ursprünglich wurde dieses Fest nur in den USA gefeiert, aber seit einigen Jahren ist es auch in Deutschland „Kult". Halloween ist am Abend des 31. Oktober. Für die Kelten war schon vor vielen hundert Jahren an diesem Datum der Sommer endgültig zu Ende.

In der jetzt beginnenden dunklen Jahreszeit, so glaubte man, würden die Seelen der Toten die Erde besuchen. Das erklärt dann auch die typischen, gruseligen Halloween-Kostüme wie Gespenster, Hexen, Teufel und Skelette.

Die ausgehöhlten Kürbisse mit ihren grinsenden Gesichtern sollen an Halloween helfen, die bösen Geister fern zu halten. Praktischer Nebeneffekt: Das Fruchtfleisch lässt sich prima einkochen oder, so wie bei Annette Heine, süß-sauer einlegen.

Eigentlich hatte Annette Heine mit dem Landleben nicht so viel am Hut. Das änderte sich allerdings gründlich, als sie ihren Ehemann Willi kennen lernte. Der Heine-Hof in Herten wird nämlich schon seit vielen Generationen von der Familie bewirtschaftet. Früher war es mal ein klassischer Bauernhof mit Kühen, Schweinen, Enten und Hühnern. Heute hat man sich auf den Anbau von Spargel, Erdbeeren, Kartoffeln und seit neuestem auch von alten Apfelsorten spezialisiert.

Während Willi Heine, ein Landwirt aus Leidenschaft, für die Ernte auf Äckern und Feldern zuständig ist, kümmert sich Ehefrau Annette um den Hofladen und seine Produkte. Die Herstellung typischer Bauernhof-Spezialitäten gehört natürlich auch in ihr Ressort. So legt sie im Herbst Kürbisse ein. Nicht zwei, drei oder vier, nein gleich Hunderte der dicken Exemplare gehen ab Mitte Oktober durch ihre Hände. Auch Erdbeeren, Pflaumen oder Äpfel verarbeitet sie in ihrer Küche weiter – zu leckeren Konfitüren, die weit über Herten hinaus für ihren köstlichen Frucht-Geschmack berühmt sind. Der Hofladen der Heines ist auf jeden Fall einen Besuch wert, und wer etwas mehr Zeit mitbringt, der kann im kleinen Café gleich nebenan die eine oder andere Leckerei selbst testen.

TIPP

Sind die Kürbisse erst einmal ausgehöhlt, verderben sie schnell. Mit etwas Haarlack können sie haltbar gemacht werden. Trotzdem ist es besser, die Dekorationsstücke erst kurz vor Halloween fertig zu machen und dann ins Fenster oder auf die Treppe zu stellen.

Barbarie-Entenbrust mit Kartoffel-Staudenselleriepüree und Gemüse

	Die Blätter von
160 g Staudensellerie	entfernen und die Stiele in feine Scheiben schneiden.
800 g Kartoffeln	schälen und ca. 25 Minuten mit den Sellerieblättern kochen. In der Zwischenzeit
3 Äpfel (Braeburn)	schälen, vierteln, das Kerngehäuse entfernen, in Scheiben schneiden und in gesäuertes Wasser legen, damit die Äpfel nicht braun werden.
200 g gelbe Kirschtomaten	
200 g rote Kirschtomaten	waschen und halbieren.
1 Bund Frühlingslauch	waschen, putzen und in Röllchen schneiden.
	Den Fettrand von
4 weiblichen Barbarie-Entenbrüsten	entfernen und die Hautseite mehrmals einschneiden. Die Fleischstücke zunächst auf der Hautseite in
heißem Olivenöl	ca. 3 Minuten anbraten, dann wenden. Beide Seiten mit
Salz und Pfeffer	gut würzen. Das Fleisch kommt dann für ca. 15 Minuten bei 80 °C in den Backofen, um nachzugaren.
50 g Butter	erhitzen und Äpfel, Kirschtomaten und Frühlingslauch ein paar Minuten andünsten,
1 EL kleine Kapern	dazugeben, mit
Salz und Pfeffer	würzen und mit
4 EL Balsamicoessig	ablöschen.
200 ml Milch	erhitzen, den fein geschnittenen Staudensellerie und
50 g Butter	dazugeben. Die Kartoffeln durch eine Presse geben und untermengen. Zum Schluss das Püree mit
Salz, Pfeffer, frisch geriebener Muskatnuss	abschmecken und
1 Eigelb	unterziehen. Das Püree mit dem Gemüse portionsweise anrichten, die in Scheiben geschnittene Entenbrust darauf drapieren und nach Belieben dekorieren.

TIPP

Das Eigelb im Püree ist ein Trick von Oliver Stolzes Großmutter – dadurch wird es schön „fluffig" und bekommt eine tolle Farbe.

Die 1854 gegründete Henrichshütte ist eines der traditionsreichsten Eisenhüttenwerke des Ruhrgebiets. Bis zu 10.000 Arbeiter produzierten hier Eisen und Stahl. Gegen den erbitterten Widerstand der ganzen Region wurde 1987 Hochofen 3, der älteste im Revier, ausgeblasen. Weite Teile des Betriebs wurden demontiert, nach China verschifft und dort zur Produktion wieder aufgebaut.

Heute ist die Henrichshütte Bestandteil des Westfälischen Industriemuseums. Drei Rundwege erschließen das 50.000 Quadratmeter große Gelände. Auf dem „Weg des Eisens" erzählen Zeitzeugen in Filmen und Tonbandaufnahmen über ihre harte Arbeit auf der Hütte und das Leben mit dem Stahl.

Oliver Stolze

Wer nach dem Rundgang noch den faszinierenden Blick auf die gigantische Industrieanlage genießen will, hat die Qual der Wahl. Das Bistro lädt zum Verweilen im Biergarten, im „Henrichs" bietet Küchenchef Oliver Stolze gehobene Gastronomie. Die ist genau seine Sache – wie seine Gäste liebt der 38-Jährige die feinen Kreationen. Zu seinem Traumberuf, sagt er, hat es nie eine Alternative gegeben: Schon seine Eltern haben immer gern und gut gekocht. Gelernt hat der experimentierfreudige Mülheimer im Ruhrgebiet.

Im „Henrichs" kann Oliver Stolze so richtig zeigen, was er kann: auf der saisonal wechselnden Speisekarte, bei privaten Gesellschaften oder den Großveranstaltungen in der Maschinenhalle.

Reibekuchen
à la Henriette Davidis

9 mittelgroße Kartoffeln
2 Möhren rasch reiben, mit
3 Eiern
etwas Salz
2 kleinen EL Mehl verrühren. Dann
150 g saure Sahne dazugeben. Ohne die Masse erst hinzustellen, backe man von derselben auf mittelmäßig scharfem Feuer einen großen oder mehrere kleine Kuchen in heißem

Butterschmalz.

Männerkochkreis, Henriette-Davidis-Museum

Viele Köche verderben den Brei, heißt ein altes Sprichwort – aber das trifft natürlich nicht auf den Männerkochkreis in Wetter an der Ruhr zu. Hier wurde bei der Herstellung der „Reibekuchen à la Henriette Davidis" vor laufender Kamera bewiesen, dass Männer in der Küche Hand in Hand arbeiten können. Kartoffeln schälen und Möhren putzen, Fett erhitzen und Reibekuchen backen – alles kein Problem für das am Herd erprobte starke Geschlecht. Dabei waren die äußeren Umstände alles andere als ideal, denn wer hat schon mal in einem Museum gekocht? In einer winzigen Küche mit niedriger Decke und einem noch kleineren Ofen?

Die Reibekuchen waren am Ende aber dennoch ein echtes Gedicht – was natürlich auch mit dem Rezept der berühmten Henriette Davidis zu tun hat.

Am 1. März 1801 wurde sie als zehntes von dreizehn Kindern eines Pfarrers in Wetter an der Ruhr geboren. Sie blieb unverheiratet, arbeitete als Lehrerin und schrieb Bücher, vor allem Kochbücher, die sie auch selbst vermarktete. Die junge Henriette verhandelte mit Verlegern und diskutierte über Preise und Papierqualität – ungeheuerlich für eine Frau im 19. Jahrhundert. Doch ihre Beharrlichkeit zahlte sich aus. Die Kochbücher erschienen in für damalige Verhältnisse unglaublichen Auflagenzahlen von bis zu 20.000 Exemplaren und die meisten wurden sogar mehrfach aufgelegt.

1876 erlag Henriette Davidis einem Schlaganfall. Die Familie Methler in Wetter hat ihr mit dem kleinen Museum in ihrer Heimatstadt ein ganz besonderes Denkmal gesetzt.

Gebackene Erdbeeren in Weißweinsabayon

Für die Weißweinsabayon

2 Eigelb, 100 g Zucker	
250 ml Weißwein	
1 Spritzer Zitronensaft	
1 Schuss Orangenlikör	zusammen über kochendem Wasser aufschlagen, bis die Masse bindet.
200 ml Weißwein	mit
2 Eigelb	glatt rühren,
Mark von ½ Vanilleschote	dazugeben und mit
250 g Mehl	zu einem Teig vermengen. Ausquellen lassen.
125 g Erdbeeren	mit
50 g Zucker	
etwas Zitronensaft und Orangenlikör	pürieren.
2 Eiweiß	
15 g Zucker	
1 Prise Salz	steif schlagen und vorsichtig unter den Teig heben.
125 g Erdbeeren	in den Teig tauchen und kurz in
500 g heißem Fritierfett	backen.

Die frittierten Erdbeeren werden aufgeschnitten und mit der Weißweinsabayon und dem Erdbeerpüree serviert. Sie können das Dessert auch noch mit feiner Schokolade und einigen Kiwi-Scheiben dekorieren.

Käthe-Kollwitz-Berufskolleg

Niklas Völker, Marco Mincello und Florian Gallist

haben nicht nur eine Ausbildung in einem Gastronomiebetrieb absolviert, sie waren auch drei Jahre lang Schüler des Käthe-Kollwitz-Berufskollegs in Hagen.

Hier haben die drei das Kochen in Theorie und Praxis erlernt, das Zusammenstellen von Menus geübt, die Grundlagen der Kalkulation gebüffelt und den Umgang mit Gästen trainiert.

Einmal im Jahr findet an der Schule außerdem eine Art Stadtmeisterschaft der Jungköche statt. Aus einem Warenkorb dürfen die Schüler dann Produkte auswählen und können damit ihrer Fantasie am Herd freien Lauf lassen. Die schönsten Rezeptideen und das leckerste Essen werden anschließend von einer Jury bewertet. Unsere drei „Meisterköche" waren dabei einsame Spitze: Mit der besten Vorspeise, dem schwierigsten Hauptgang und dem kreativsten Dessert landeten sie jeweils auf dem ersten Platz. Lohn für Prüfungsstress und Sieg: Niklas, Marco und Florian durften für den „Ruhrpott" der Lokalzeit vor der Kamera kochen und ihre Rezepte sind deshalb auch Teil dieses Buches.

Käthe-Kollwitz-Berufskolleg, Marco Mincello (Hagen)

Lammrücken in Gemüsehülle mit Soufflé-Kartoffeln

Rezept für zwei Personen

Als erstes

2 Kartoffeln schälen und diese für 30 Minuten bei 200 °C in den Backofen geben.

2 Kartoffeln zu Salzkartoffeln kochen, abkühlen lassen und durch die Kartoffelpresse geben. Mit

Salz, Pfeffer, Muskat
etwas Kartoffelstärke
1 Ei vermengen und

gehackte Petersilie unterrühren. Die beiden gebackenen Kartoffeln aushöhlen und die vorbereitete Masse mit einer Spritztüte oder einem kleinen Löffel einfüllen. Mit

etwas Eigelb bestreichen und 10 Minuten bei 200 °C im Ofen backen.

400 g Lammrücken auslösen und filetieren, dann entfetten und die Sehnen entfernen. Die Knochen in walnussgroße Stücke hacken und diese mit

Salz und Pfeffer würzen.

¼ Sellerieknolle
2 Möhren klein schneiden und mit den Knochen in einem Bräter in
Olivenöl anbraten. Mit
Rotwein ablöschen und mit Wasser auffüllen, sodass die Knochen bedeckt sind. Die Sauce 1 Stunde lang köcheln lassen und dann durch ein Sieb passieren.

PRODUKT*INFO* **Lamm**

Lammfleisch führt bei uns bis heute ein Schattendasein. 62 Kilo Fleisch essen die Bundesbürger pro Kopf, ein knappes Kilo nur stammt vom Lamm. Schuld daran ist vermutlich die Verwechslung mit zähem, altem Hammelfleisch, das früher in Eintöpfen verwendet wurde.

Dabei stammt Lammfleisch von Tieren, die höchstens ein Jahr alt sind. Die meisten Lämmer werden im Alter von 3–4 Monaten geschlachtet, und zwar das ganze Jahr hindurch. Im Gegensatz zu Rindern und Schweinen verbringen Schafe ihr Leben auf der Weide. Der zarte, mildwürzige Geschmack des Fleischs variiert deshalb je nach Herkunftsregion. Außerdem ist Lammfleisch reich an Eiweiß und enthält wertvolle Vitamine und Mineralstoffe.

Für die Farce 200 g Fleisch zusammen mit

200 ml Sahne
Salz und Pfeffer
Petersilie in einem Mixer pürieren. Die Lammfilets würzen und in einer Pfanne leicht anbraten.

2 Möhren in hauchdünne Streifen schneiden, ca. jeweils acht Streifen auf etwas Frischhaltefolie legen, mit Farce bestreichen und jeweils ein Filet darin einrollen. Dann noch einmal in Alufolie rollen und in kochendes Wasser mit

Thymian
gehacktem Knoblauch
Salz geben. 20–25 Minuten kochen lassen.

1 Fenchelknolle in Streifen schneiden, kurz in kochendem Wasser blanchieren und in kaltem Wasser abschrecken.

200 ml Sahne mit
200 ml des Fenchelkochwassers auf dem Herd einreduzieren. Mit
Salz, Pfeffer und Muskat würzen und mit
etwas Mehl oder etwas Stärke andicken. Über den Fenchel geben und gut vermengen.

Die Lammfilets aus der Alufolie nehmen und portionieren. Auf einem Teller mit dem Fenchel, der Soufflé-Kartoffel und der Lammsauce anrichten.

Käthe-Kollwitz-Berufskolleg, Niklas Völker (Hagen)

Fischauswahl mit Wokgemüse

Zuerst das Gemüse vorbereiten, d.h.

2 rote Paprikaschoten
1 gelbe Paprikaschote entkernen und in Würfel schneiden, bei
2 mittelgroßen Zucchini die Endstücke abschneiden und ebenfalls würfeln.
1 Steinbutt oder 2 Schollenfilets filetieren und
6 Riesengarnelen schälen, dabei unbedingt den Darm entfernen!
Für die Soße
5 Kumquats in
etwas Fett anschwitzen,
Sojasoße
1 EL flüssigen Honig dazugeben. Mit
etwas Fischfond aufgießen und kurz aufkochen lassen. Dann durch ein Sieb
abgießen. Die Kumquats können nicht mitgegessen werden.
Die Garnelen mit
Salz und Pfeffer würzen. In einer Pfanne mit
heißem Olivenöl anbraten. Dann den Fisch leicht salzen und ebenfalls braten.
Dann das Wokgemüse herrichten. Zuerst die geschnittenen
Zucchini, dann die Paprikastücke, danach

6 Lauchzwiebeln
½ Chinakohl scharf, d.h. mit
wenig Öl kurz anbraten, damit das Gemüse kein Wasser zieht. Erst ganz
zum Schluss

2 Packungen Spossen
(z.B. Radieschen, Soja) dazugeben. Mit
Salz und Pfeffer nach Bedarf nachwürzen und mit der Soße ablöschen.
Zum Anrichten den Fisch in
Sesam und die Garnelen in
klein gehacktem Dill wälzen und mit dem Wokgemüse auf einem Teller
als Vorspeise servieren.

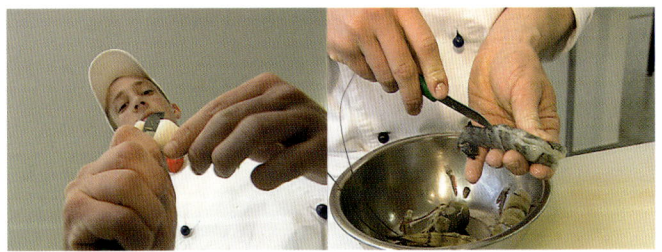

KostBar, Thomas Wurtinger (Dortmund)

Salat von rosa Linsen
mit gebratenen Speckpfifferlingen

Rezept für zwei Personen

Als erstes

80 g Schlangengurke entkernen und in kleine Stücke schneiden.

½ rote Paprika ebenfalls klein schneiden und

½ Zwiebel würfeln.

150 g Pfifferlinge säubern und

20 g Speck schneiden.

Etwas Schnittlauch in kleine Stückchen schneiden und

Petersilie hacken.

Dann zunächst die Vinaigrette für den Linsensalat herstellen. Dazu

50 ml Fleischbrühe

50 ml weißen Balsamicoessig

3 EL Olivenöl, 1 EL Honig in einer Schüssel mit einem Schneebesen verrühren. Mit

Salz, Pfeffer und Zucker abschmecken und dann 40 g gewürfelte Zwiebeln, Paprika und Gurke unterrühren.

60 g rosa Linsen in Salzwasser bissfest kochen und noch warm untermengen. Den Schnittlauch und die gehackte Petersilie dazugeben.

Etwas Butter oder Öl in einer Pfanne erhitzen und die Pfifferlinge, den Speck, 20 g gewürfelte Zwiebeln und

etwas Rosmarin anbraten. Nach Geschmack mit

Salz und Pfeffer würzen.

Den Salat und die Speckpfifferlinge auf einem Teller anrichten.

Einige Radieschensprossen und

Blaubeeren geben optisch den richtigen Pfiff.

Thomas Wurtinger

Schon als kleiner Junge

hat Thomas Wurtinger in Töpfen und Pfannen gerührt. Der Dortmunder wuchs nämlich sozusagen in der Kost-Bar auf – nur, dass dieses Restaurant damals noch „Hohenzollern" hieß und von seinen Eltern betrieben wurde. So war für ihn sein Berufswunsch von Anfang an klar – und bereut hat er die Entscheidung, Koch zu werden, bis heute nicht.

Nach der Ausbildung in der „Alten Krone am Markt" in Dortmund, einem achtjährigen Zwischenstopp bei der Bundeswehr und der Arbeit in verschiedenen Restaurants in ganz Deutschland ist Thomas Wurtinger dann schließlich ins Revier zurückgekehrt. Aus dem „Hohenzollern" im Dortmunder Kreuzviertel machte er die „KostBar". Es verschwanden die Gardinen vor den Fenstern und die weiße Tischwäsche, das gutbürgerliche Speiselokal verwandelte sich in ein trendiges Restaurant, das heute auch junge Leute anspricht. Anders als die älteren Stammgäste kommen die abends auch mal gern auf ein Glas Wein und einen Snack vorbei. Und so bietet die Speisekarte der Kost-Bar eine breite Palette: vom klassischen Rotbarschfilet am Freitag bis hin zum leichten Salat von bunten Linsen und Pfifferlingen.

KostBar, Thomas Wurtinger (Dortmund)

PRODUKT*INFO* **Ricotta**

Ricotta ist eine italienische Spezialität. Der Frischkäse wird aus Schafsmilch-, Büffelmilch- oder Kuhmilchmolke gewonnen. Sie fällt zum Beispiel bei der Herstellung von Mozzarella an.

Ricotta wird gern auch als „Molkekäse" bezeichnet. Um die Molke zu verdicken, wird sie auf etwa 80 Grad erhitzt. Sie gerinnt und schließt Milch- und Mineralstoffe sowie Vitamine ein. In einem zweiten Arbeitsschritt wird die Ricottamasse noch einmal erwärmt und so von der Flüssigkeit getrennt. Der frische Ricotta kann jetzt in Körbchen abgeschöpft werden.

Meist wird diese Käsesorte ohne weitere Behandlung frisch verzehrt. Einige Arten können aber auch geräuchert oder gesalzen sein. Mit bis zu 78 Prozent Fett in der Trockenmasse hat Ricotta aus Schafsmilch einen höheren Fettgehalt als der aus Kuhmilch.

Welsfilet unter Ricotta-Kräuterhaube auf Seealgenreis

Rezept für zwei Personen

Zunächst

1–2 Lauchzwiebeln
50 g Kirschtomaten in etwa gleich große Stücke schneiden.
1 Knoblauchzehe
1 kleine Zwiebel schälen und in feine Scheiben schneiden.

Für die Ricottacreme
75 g Ricotta in eine Schüssel geben,
3 Scheiben trockenes Weißbrot reiben und ebenfalls dazugeben, außerdem
2 Eigelb sowie
etwas Basilikum, klein gehackte Petersilie, Rosmarin, Thymian, Salz und Pfeffer.

Das Ganze gut vermengen.
20 g Wildreis, 50 g Basmatireis in Salzwasser kochen.
300–400 g Welsfilet mit
Salz und Pfeffer würzen und in
etwas Mehl wälzen. In einer Pfanne
etwas Butter erhitzen und den Fisch goldgelb backen (ca. 3 Minuten von jeder Seite). Dann das Filet mit der Ricottacreme fingerdick bestreichen und im Backofen bei ca. 200 °C (5 Minuten vorgeheizt) 15 Minuten überbacken.

Die Lauchzwiebeln, die Tomaten, den Knoblauch und die Zwiebeln in die Pfanne mit dem Fischsud geben, mit
Salz und Pfeffer würzen. Leicht andünsten und mit
etwas trockenem Weißwein ablöschen. Den Reis in einer zweiten Pfanne mit
etwas Olivenöl anbraten,
40 g Seealgen
Pfeffer dazugeben. Alles zusammen auf einem Teller servieren.

Hühnerleber in Portwein

400 g frische Hühnerleber kalt abwaschen, mit einem Küchenhandtuch trockentupfen, von den Sehnen säubern und in breite Stücke schneiden. Mit

3 cl rotem Portwein begießen und kurz ziehen lassen. In der Zwischenzeit
2–3 Schalotten
1–2 Knoblauchzehen
1 Bund glatte Petersilie fein hacken. In einer beschichteten Pfanne
2–3 EL neutrales Öl erhitzen, Schalotten, Knoblauch und die Hälfte der Petersilie unter Rühren dünsten und an den Pfannenrand schieben. Die Hühnerleber abtropfen und den Portwein auffangen. In der Pfanne

2 EL Butter zerlassen (sie darf nicht braun werden!) und die Leber portionsweise unter Rühren anbraten. Den Pfanneninhalt gut mischen, mit

Salz und frischem schwarzem Pfeffer
1–2 TL eingelegten grünen Pfefferkörnern würzen.
Den aufgefangenen Portwein

125 g Sahne
1 Schuss trockenen Rotwein angießen. Alles bei mittlerer Hitze 5 Minuten köcheln lassen. Abschmecken und heiß servieren. Die Portionen mit der restlichen Petersilie bestreuen.
Als Beilage passen geröstete Baguettescheiben.

Auch in diesem Kochbuch ist Wolfgang Frenser dabei – leidenschaftlicher Hobbykoch, Ruhrgebietsfan und Multitalent aus Unna. Für die „Ruhrpott"-Serie hat er uns zwei seiner Lieblingsrezepte verraten – eine Vorspeise und ein Dessert. Sie lassen sich prima mit „Hähnchenbrust mit Birnen-Zwiebelgemüse", dem Hauptgericht aus dem ersten Buch zu einem kompletten Menü kombinieren.

Alles hat er bei seinen monatlichen Koch-Events mit dem „Quartett Curioso" in der „Lindenbrauerei" auf Tauglichkeit getestet. Was er für uns kocht, war hier auf jeden Fall schon ein Renner …

Wolfgang Frenser

PRODUKT*INFO* *Geflügelleber*

Die Leber ist das Feinste, was Geflügel zu bieten hat – denn sie ist nicht nur eine wohlschmeckende Leckerei, sondern auch reich an Vitaminen und Mineralstoffen. Beim Einkauf sollten Sie auf artgerechte Tierhaltung achten, denn die Leber speichert als Filterorgan Rückstände von Medikamenten und Chemikalien.

Die Geflügelleber sollte so frisch wie möglich gekauft und verarbeitet werden. Sie muss außen schön glänzen und darf nicht säuerlich riechen. Je heller die Innerei, umso fetter ist sie – der Fettanteil kann bis zu 30 % betragen.

Vor dem Braten ist gründliches Säubern angesagt: Sehnen und Häutchen entfernen, die Leber waschen und vorsichtig trockentupfen. Wie in unserem Rezept schmeckt sie gebraten am besten. Wichtig: geringe Hitze und zum Schluss salzen – dann bleibt sie saftig und innen zartrosa. Besonders gut unterstützen Kräuter wie Majoran, Rosmarin, Salbei oder Estragon den Geschmack der Delikatesse, aber auch der klassische säuerliche Apfel passt prima.

Übrigens: Die Geflügelleber ist umstritten, wenn sie von gestopften Tieren stammt – in Deutschland ist das Stopfen von Gänsen allerdings verboten.

Lindenbrauerei, Wolfgang Frenser (Unna)

Ein geheimnisvolles blaues Leuchten führt den Besucher direkt zum Ziel: Der illuminierte Schornstein der „Lindenbrauerei" ist die erste der beeindruckenden Installationen des „Zentrums für internationale Lichtkunst". Seit Mai 2001 befindet sich das weltweit erste und einzige Museum, das sich dieser Kunstform widmet, in Unna. Die labyrinthischen Gänge, Kühlräume und Gärbecken der ehemaligen Traditionsbraustätte zeigen nun auf 2.500 Quadratmetern zeitgenössische Kunst. Blau-rote Farbspiele, ein Laufsteg im Stroboskop-Gewitter, ein Text-Teppich aus Leuchtbuchstaben – zehn der international renommiertesten Lichtkünstler haben sich von den Kellergewölben tief unter der Erde von Unna inspirieren lassen. Besucher sind in der Unterwelt gern gesehen: von Donnerstag bis Sonntag finden jeweils mehrere Führungen statt.

Mohncreme mit Himbeeren

6 Blatt weiße Gelatine in kaltem Wasser einweichen.

1 unbehandelte Zitrone abreiben und auspressen.

3 Becher Naturjoghurt

60 g Honig

2 EL Mohn die geriebene Zitronenschale und die Hälfte des Zitronensafts verrühren.

Die Gelatine ausdrücken, in einen Topf geben und bei geringer Hitze unter ständigem Rühren auflösen. Die Hälfte der Joghurtmasse unter die aufgelöste Gelatine geben und unterrühren. Dann zu der restlichen Masse geben und beides gut vermengen.

½ Becher Schlagsahne steif schlagen und unterziehen.

Die Creme in vier Förmchen füllen und mindestens 3 Stunden in den Kühlschrank stellen.

Für die Sauce

500 g frische oder aufgetaute Tiefkühl-Himbeeren wegen der Kerne durch ein Sieb streichen.

Die Masse mit dem übrigen Zitronensaft,

75 g Puderzucker

4–5 cl Himbeergeist in einen Mixer geben und gut vermixen.

Die Creme stürzen, mit Sauce umgießen und mit aufgetauten TK-Früchten oder frischen Himbeeren garnieren.

TIPP

Die Creme bekommt man am besten aus den Förmchen, wenn man sie vorher kurz in heißes Wasser taucht und mit einem Messer den Rand löst.

TIPP

Wenn Sie das Dessert für die ganze Familie zubereiten möchten: Es schmeckt natürlich auch ohne Alkohol!

Spanisch Frikko

2 Köpfe Spitzkohl und
200 g Rinder- oder Schweinefleisch pro Person waschen und klein schneiden. Sie können beim Fleisch Filet (edel) oder auch Oberschale (einfach) verwenden.

6 Möhren
600 g Kartoffeln schälen und in Scheiben schneiden,
2 Gemüsezwiebeln hacken und in einem Topf oder einer Pfanne in
Butter andünsten.
Einen Topf mit
Butter ausfetten und zunächst eine Lage Kartoffelscheiben hineinlegen. Mit
Salz, Pfeffer und Muskat würzen, dann eine Lage Zwiebeln, Spitzkohl, Fleisch und Möhren schichten. Einige Butterflöckchen darauf setzen, nochmals würzen und eine weitere Schicht aus Kartoffeln, Zwiebeln, Spitzkohl und Möhren auffüllen. Darüber
¼ l Sahne gießen und
klein gehackten Majoran und Schnittlauch streuen. Der Topf sollte etwa zu zwei Dritteln gefüllt sein. Dann einen großen Topf mit Wasser zum Kochen bringen und den kleineren gefüllten Topf für ca. 3 Stunden hineinstellen. Fleisch, Kohl, Gemüse und Kartoffeln garen so langsam und schonend.

TIPP

Zu Spanisch Frikko schmeckt am besten ein frisch gezapftes Pils.

Wenn es um frische Produkte geht, dann kann Detlef Bieder im Restaurant von Manufactum in Waltrop aus dem Vollen schöpfen – genauer gesagt, aus der hauseigenen Abteilung mit Namen „brot&butter".

Wohl jedem Koch würde es Freude bereiten, mit diesen ganz besonderen Zutaten zu arbeiten. Manufactum bietet nämlich Waren an, die nach Firmenphilosophie „richtig", sprich integer produziert wurden. Dazu gehört die Butter, die nicht deodoriert oder tiefgekühlt wird, der Joghurt ohne Gelatine, der lang gereifte Rohmilchkäse oder aber auch das Fleisch von Tieren, die bis zum Schlachten ein artgerechtes Leben führen durften. Ganz bewusst unterstützt das Unternehmen damit Erzeuger, die in der auf Masse getrimmten Warenwelt ansonsten längst untergegangen wären.

Seit zwei Jahren ist „brot&butter" im Manufactum-Programm und hat seitdem eine wachsende Zahl von Anhängern gefunden. Alle Waren können auch per Katalog oder im Internet bestellt werden.

Manufactum – Laden

Kalbsmedaillons
in Morchelrahmsauce
mit Zucchini-Rösti

1 großes Kalbsfilet (ca. 700 g) (es sollte gut abgelagert sein) wird mit einem feuchten Tuch abgerieben, gehäutet und in etwa 2 cm dicke Scheiben geschnitten. Mit der Hand etwas „flach klopfen" und unter fleißigem Begießen mit

heißer Butter goldbraun braten (etwa 4–5 Minuten von jeder Seite, es sollte innen noch leicht rosa sein). Vor dem Anbraten am besten nur mit

etwas Pfeffer
Salz. würzen, nach dem Braten mit

Für die Morchelsauce

50 g Spitzmorcheln in lauwarmem Wasser einweichen und quellen lassen, bis sie ihr Volumen verdoppelt haben. Den Fond dann in ein anderes Gefäß geben und die Morcheln ausdrücken. Sie werden in

etwas Butter oder Biskin zusammen mit
1 gewürfelten Zwiebel angeröstet. Dann mit etwa
1 EL Mehl bestäuben und mit dem kalten Morchelfond aufgießen. Mit
125 ml Rinderbrühe
25 ml Sahne
125 ml Weißwein verfeinern.

Für die Zucchini-Rösti

300 g Kartoffeln schälen und mit einer Reibe fein reiben.
2 Zucchini ebenfalls reiben und beides zusammen vermengen.
1 Ei dazugeben und mit
Salz, Pfeffer und Muskat würzen. Sollte die Masse zu „wässerig" sein, mit
etwas Mehl andicken. Die Masse dann zu kleineren Rösti formen und in der Pfanne goldgelb backen.

Wo heute Kinder spielen und Ausflügler
Erholung suchen, da wurde früher hart gearbeitet.
Auf dem Gelände der früheren Zeche Maximilian in
Hamm ist nämlich seit der Landesgartenschau 1984
ein Park beheimatet: der gleichnamige „Maximilian-
park" oder kurz „Maxipark". Und genau hier, inmitten
von Blumen, Teichanlagen, bunten Gärten und dem
Wahrzeichen des Parks, dem gläsernen Elefanten,
genau hier versuchen Michaela und Klaus Wentzeck
den täglichen Spagat zwischen Ausflugsgastronomie
und wirklich guter Küche. Herausgekommen ist eine
klare Trennung: Bevölkern Familien mit Kindern an
schönen Sommertagen die Parkanlagen, dann gibt es
drinnen wie draußen kleine Gerichte für den Hunger

Ehepaar Wentzeck und Team

zwischendurch – natürlich auch die bei Kindern beliebten Pommes. Finden allerdings, wie so oft im Maximilian-
park, hochkarätige Konzerte, Theateraufführungen oder politisches Kabarett statt, so tischt die Küche entsprechen-
de Leckerhäppchen für die Gourmets auf. Eine ständige Herausforderung für das Pächterehepaar und seine sehr
engagierten Mitarbeiter – aber auch eine spannende Sache, die die Arbeit interessant macht.

Pizza

Die Menge reicht für zwei Backbleche

1 Würfel Hefe	in
300 ml lauwarmer Milch	verrühren, zu
500 g Mehl	in eine Schüssel geben,
2–3 EL Öl	
1 Prise Salz	dazugeben und die Masse gründlich durchkneten.

Ein nasses Handtuch über die Schüssel legen und den Teig für 30 Minuten an einem warmen Ort (z. B. Heizung) gehen lassen. In der Zwischenzeit den Belag vorbereiten.

Margherita:
4 Mozzarella, Basilikum, Olivenöl, Pfeffer

Thunfisch:
3 Dosen Thunfisch in Öl, 100 g entsteinte Oliven, 1 große Zwiebel, 2 TL Oregano, geriebener Käse

Prosciutto e Funghi:
200 g gekochter Schinken, 200 g frische Champignons, milde Peperoni, Basilikum, geriebener Käse

Salami:
150 g hauchdünn geschnittene Salami, 100 g entsteinte Oliven, 3 Fleischtomaten, gehäutet und gewürfelt, 250 g Mozzarella oder geriebener Käse, Oregano, Pfeffer

Je nach Wahl die Zwiebeln und Peperoni in feine Ringe schneiden, die Champignons in (etwas dickere) Scheiben, die Oliven halbieren.

Für die Pizzasauce, also die Pizzaiola,

1 große Dose Schältomaten	würfeln.
1 große Gemüsezwiebel	in feine Würfel schneiden,
2 Knoblauchzehen	fein hacken und in
3 EL Olivenöl	ca. 8 Minuten glasig dünsten. Die Tomaten mit Saft dazugeben sowie
1 großer EL Tomatenmark	
2 TL Oregano, 2 TL Basilikum	
1 Lorbeerblatt, 1 TL Salz	
1 TL Zucker, frisch gemahlenen Pfeffer	alles gut verrühren, aufkochen lassen und bei mittlerer

Hitze ca. 30 Minuten unter gelegentlichem Rühren köcheln lassen, bis die Sauce sämig ist und sich gut verstreichen lässt. Sie ist – gut abgekühlt – als Basis für jede Pizza geeignet. Den aufgegangenen Teig noch einmal gut durchkneten, ein Backblech mit

Olivenöl	einpinseln und den Teig ausrollen.

Die Pizzaiola gleichmäßig verstreichen und die Pizza nach Belieben belegen. Für 10–15 Minuten bei 200 °C in den vorgeheizten Ofen geben.

TIPP

Da die Pizzasauce abkühlen muss, rät Jutta Rosin, die Pizzaiola schon einen Tag früher zuzubereiten – so können Sie Zeit sparen! Die Sauce kann auch problemlos mehrere Tage im Kühlschrank aufbewahrt werden. Sie eignet sich im Übrigen auch als Grundsauce für eine Bolognese-Sauce.

Angefangen hat die kreative Kochfreundschaft von Jutta Rosin und Thomas Lamparski als Notfall – die Küchenchefin der Gesamtschul-Mensa in Dortmund-Brünninghausen suchte einen Zweitkoch für Dreharbeiten mit uns. Seitdem stehen die beiden immer wieder vor der Kamera. Diesmal haben die Profiköchin und der Chemie- und Physiklehrer für den „Ruhrpott" ein echtes Familienessen auf dem Programm. Bei der Vorbereitung können alle mitmachen und die Wahlmöglichkeiten sind grenzenlos – es gibt Pizza!

Thomas Lamparski und Jutta Rosin

Manfred Mertins (Dortmund)

Adventstorte
„Betrunkener Isidor"

Für den Teig

100 g Butter
50 g Mehl
100 g Zucker verrühren und dabei
5 Eier eins nach dem anderen dazugeben.
1 EL Kakao
2 gestrichene TL Backpulver
100 g gemahlene Walnüsse ebenfalls unterrühren. Die Teigmasse auf ein gefettetes Backblech geben und verstreichen, Wenn das Blech am Rand nicht hoch genug ist, einige Streifen gefalztes Pergament-/Backpapier rundherum legen. Dann läuft der Teig nicht über. Das Blech in den vorgeizten Backofen geben (Elektro: 2. Schiene von unten bei 200 °C, Umluft bei 160 °C und Gas auf Stufe 3). Etwa 25 Minuten backen lassen und danach auskühlen lassen. Für die Creme

3 Eier
50 g Zucker
1 EL Kakao über einem heißem Wasserbad schlagen, bis die Masse schaumig ist und fast zu kochen beginnt. Dann unter ständigem Rühren
250 g Butter stückweise dazugeben, bis alles gut vermischt ist. Die Masse am besten einige Stunden abkühlen lassen. Für die Füllung

200 g gemahlene Walnüsse
50 g Zucker
1 Päckchen Vanillezucker
8 EL Rum mit einem Handrührgerät verrühren. Den fertig gebackenen und abgekühlten Kuchenteig in drei gleich große Streifen schneiden und den ersten Streifen mit
Erdbeermarmelade bestreichen. Dann mit der Creme und der Walnussfüllung bestreichen, den zweiten Kuchenstreifen darauf setzen und genauso verfahren wie zuvor. Mit der dritten Kuchenplatte abdecken und dann den Kuchen oben und an den Seiten mit der restlichen Creme bestreichen. Zum Schluss mit
Walnusshälften verzieren. Am besten einen Tag lang kalt stellen – dann schmeckt die Adventstorte besonders gut.

Manfred Mertins gehört zu den wenigen männlichen Hobby-köchen, die sich vor Plätzchen und Kuchen nicht bange machen. Backen – sonst eher eine Domäne der Frauen – geht ihm locker von der Hand. Das Rezept zur Adventstorte „Betrunkener Isidor" hat der ehemalige Bergmann aus Dortmund von seiner Urgroßmutter. Dabei darf eine ordentliche Portion Schokolade bzw. Kakao natürlich nicht fehlen. Die süße Masse wirkt anregend, macht glücklich – und leider in größeren Mengen auch dick.

Eine Tafel Schokolade enthält etwa 500 Kalorien, 40 g Fett und 50 g Zucker, nicht gerade gesund, aber trotzdem unwiderstehlich. Ihre Qualität hängt ganz wesentlich von der Beschaffenheit der Kakaobohnen ab. Teure Bohnen, kombiniert mit echter Vanille, ergeben eine hochwertige Mischung. Billige Kakaobohnen schmecken bitter und werden oft zusätzlich, um den Preis der Schokolade niedrig zu halten, mit künstlichem Vanillin versetzt.

Manfred Mertins

Frank und Andrea Milius, Restaurant Milius (Hagen)

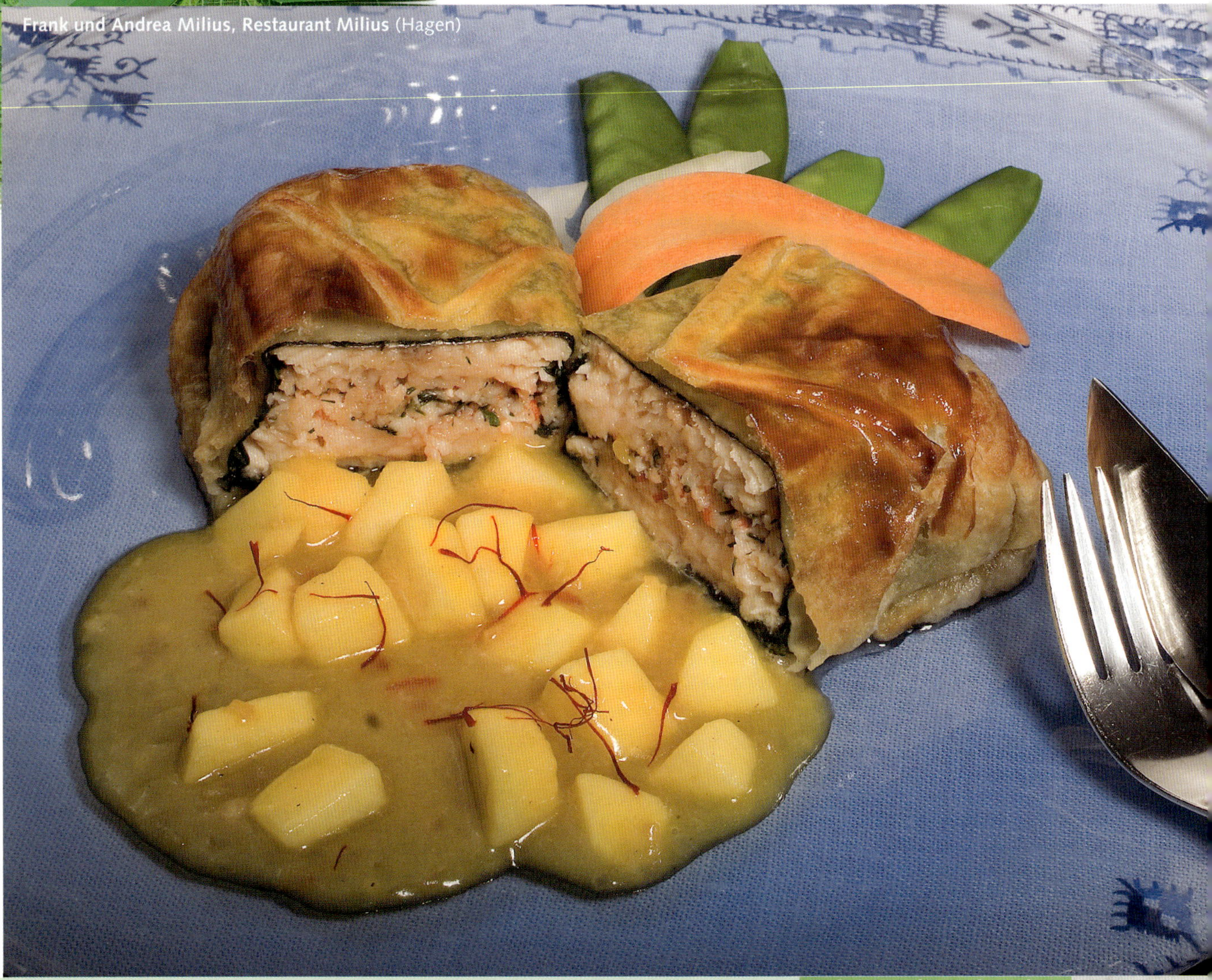

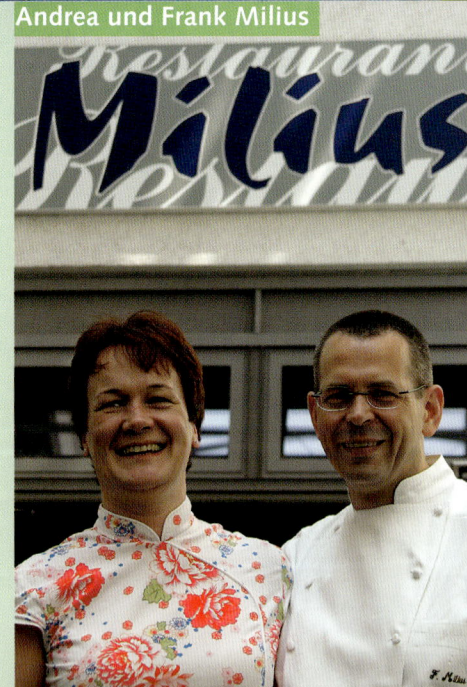

Schon als Kind liebte Frank Milius gutes Essen aus frischen Zutaten und das ist kein Wunder, denn er kommt vom Land. Bäcker, Metzger oder Landwirt – die Entscheidung fiel schwer und deshalb wurde er Koch: „denn der vereint alles, was mit Essen zu tun hat". Gelernt hat er in einem Sterne-Restaurant und seitdem ist qualitativ hochwertige Küche für Frank Milius selbstverständlich.

Ehefrau Andrea ist für alles andere im „Milius" zuständig. Die gelernte Hotelfachfrau sorgt für reibungslose Logistik, erstklassigen Service und das ansprechende Ambiente.

Vor acht Jahren haben die beiden den Sprung in die Selbstständigkeit gewagt, seit drei Jahren leben und arbeiten sie in Hagen. Die Menschen haben sie hierher gelockt: „Die Leute im Ruhrgebiet sind einfach offen für Experimente." Und das ist genau die Sache des Küchenchefs. Immer auf der Suche nach neuen Kreationen wälzt er Fachbücher und probiert aus. Was neudeutsch oft als „Cross-over-Küche" bezeichnet wird, nennt er lieber „Aller-Welts-Küche" – von allen fünf Kontinenten bezieht er seine Anregungen und gibt sie gerne an seine Gäste weiter.

Andrea und Frank Milius

Forelle im Blätterteig-Mangold-Mantel auf Safran-Apfelkompott

1–2 g Safranfäden in
100 ml Apfelsaft ca. 1 Stunde einweichen, damit die Farbe schön intensiv wird.
1–2 Boskoop-Äpfel schälen und in feine Würfel (5 x 5 mm) schneiden.
1 EL gehackte Zwiebel oder Schalotte in
etwas Öl anschwitzen und mit dem Apfelsaft ablöschen.
Den Apfelsaft um ca. ein Drittel einkochen lassen und
400 g Fischfond dazugeben und aufkochen. Die Apfelwürfel unterrühren, alles abschmecken, mit
Speisestärke binden und nur kurz aufkochen, damit der Apfel fest bleibt. Das Kompott sollte mindestens eine Stunde durchziehen – dann werden die Apfelwürfel schön goldgelb.

TIPP

Statt Flusskrebsschwanz-fleisch können Sie auch Crevetten oder Shrimps verwenden.

100 g Flusskrebsschwanzfleisch zu Tatar hacken, mit
3–4 fein geschnittenen Lauchzwiebeln und
gehacktem Dill
Salz und Pfeffer
Tabasco und Zitronensaft anmachen und abschmecken.
4 Forellenfilets ohne Haut (80 g) quer halbieren, salzen und auf eine Hälfte das Krebstatar aufdrücken.
Das zweite Forellenfiletstück auflegen.
Die Blätter von
4 großen Mangoldblättern kurz blanchieren, in Eiswasser abschrecken, trockentupfen und die Keile herausschneiden. Die Mangoldblätter ausbreiten und die gefüllten Forellenfilets darin einwickeln.
4 Blätterteigplatten jeweils auf etwa 15 x 18 cm ausrollen und das Mangoldpäckchen mittig auflegen. Die Teigränder leicht mit einem Gemisch aus
1–2 Eigelb und
etwas Sahne einpinseln, das Ganze zu einem Päckchen einschlagen, die Seiten zudrücken. Die Oberseite der Blätterteigtasche ebenfalls mit Eigelb einpinseln und auf einem Backblech auf Trennpapier legen. Bei 220 °C in ca. 20 Minuten goldbraun backen.
Das Kompott auf den Teller geben und das Millefeuille darauf anrichten.

TIPP

Das Kompott können Sie auch schon morgens vorkochen und abends nur noch einmal kurz aufwärmen – dann haben Sie mehr Zeit für Ihre Gäste. Wenn die Soße etwas kräftiger abgeschmeckt wird, kann sie auch kalt serviert werden.

Pastasaucen
„Italienisch für Anfänger"

Tomatensauce

2 Zwiebeln	fein hacken, mit
2 in Scheiben geschnittenen Knoblauchzehen	in
2 EL Olivenöl	bei mittlerer Hitze glasig dünsten.
3 EL Tomatenmark	hinzugeben, anschmoren und
1 große Dose (800 g) Schältomaten (pomodori pelati)	hinzufügen. Mit
½ TL Salz	
Thymian und Zucker	würzen. Etwa 10 Minuten bei starker Hitze kochen, dann 20 Minuten unter gelegentlichem Umrühren weiter köcheln lassen. Zum Schluss alles mit einem Stabmixer pürieren.

Sahnesauce „Alla Panna"

2 Schalotten	fein hacken, mit
1 fein geschnittenen Knoblauchzehe	in
1 EL Olivenöl	glasig dünsten. Mit
½ l Sahne	auffüllen und bei mittlerer Hitze unter gelegentlichem Umrühren etwas einkochen lassen. Von der Herdplatte nehmen und
40 g frisch geriebenen Parmesankäse	unter Rühren hinzugeben. Mit
Salz, Pfeffer und Muskat	abschmecken. Evtl. mit
etwas in kaltem Wasser aufgelöster Speisestärke	binden.

Bolognese

4 Zwiebeln	
4 Knoblauchzehen	klein würfeln und in
½ Tasse Olivenöl	bei mittlerer Hitze anbraten.
1 Möhre	
1 Stück Knollensellerie (oder 2 Stangen Staudensellerie)	klein schneiden und dazugeben.
600 g Gehacktes halb und halb	dazugeben
3 EL Tomatenmark	unterrühren und mit
2 Tassen Rotwein	ablöschen und etwas reduzieren lassen.
1 große Dose (800 g) Schältomaten (pomodori pelati)	pürieren, ebenfalls dazugeben. Mit
Salz, Pfeffer, Muskat und Oregano	abschmecken und alles bei kleiner Hitze ohne Deckel mindestens 60 Minuten unter gelegentlichem Umrühren schmoren lassen.

Pesto alla Genovese

40 g Pinienkerne	in einer Pfanne rösten.
2 große Knoblauchzehen	und Pinienkerne im Mixer fein zerkleinern, die Blättchen von
2 Bund frischem Basilikum	
1 Bund Petersilie	
1 Tasse fruchtiges Olivenöl	hinzufügen und alles fein pürieren.
40 g frisch geriebenen Parmesankäse	hinzugeben und mit
Salz und Pfeffer	abschmecken.

TIPP

Das Pesto alla Genovese können Sie in größeren Mengen zubereiten und im Schraubglas mit Olivenöl bedeckt im Kühlschrank aufbewahren.

TIPP

Aus der Tomatensauce macht Ellen Treeck drei Varianten: Für die „alla putanesca" benötigt man zusätzlich 4 Sardellenfilets (in Öl), 30 g Kapern sowie 100 g schwarze Oliven ohne Stein; für die „all'arrabiata" 1 rote und 1 grüne Peperoni, 2 EL Olivenöl und 1 Knoblauchzehe; für die „alla matriciana" 100 g gewürfelten und durchgebratenen Pancetta (ital. Bauchspeck), 1 rote Peperoni, 1 Knoblauchzehe unterrühren.

TIPP

Aus der Sahnesauce macht Ellen Treeck zwei Varianten: Entweder rührt sie 100 g Gorgonzola unter oder sie weicht 50 g getrocknete Steinpilze ein, köchelt sie in etwas Weißwein und rührt die Sahne-Sauce unter.

Sabine Rose und Ellen Treeck

Die Liebe zur italienischen Küche hatte Sabine Rose auf die Idee gebracht: Pasta machen mitten im Ruhrgebiet. Vor acht Jahren hat die gelernte Betriebswirtin den Sprung ins kalte Wasser gewagt und seitdem mit ihrer Nudel-Manufaktur die Herzen vieler Dortmunder im Sturm erobert. Schon bald wollten ihre Kunden mehr als nur Pasta kaufen.

Seit drei Jahren hat die Chefin der Nudelmanufaktur „Teigwaren mehr" dafür genau die richtige Partnerin an ihrer Seite: Ellen Treeck, kocherfahren in ganz Deutschland, sorgt für den besonderen Pfiff. Denn bei den Rezepten des Duos ist die Nudel zwar die Basis von allem, aber ungewöhnliche Gemüse und reizvolle Zutaten sorgen für immer neue kulinarische Überraschungen.

Die nachzukochen ist ausdrücklich erlaubt. Die beiden verraten in Kochkursen regelmäßig die wichtigsten Tipps und Tricks und laden ein zur kulinarischen Reise durch Italiens Regionen.

Angefangen hatten Sabine Rose und Ellen Treeck, beide selbst Mütter, mit Kursen für Kinder. Die sollen schließlich auch in der Westfalenmetropole Dortmund noch wissen, wie frisches Gemüse aussieht. Mittlerweile sind die Veranstaltungen der beiden meist schnell ausgebucht: Schließlich hat sich herumgesprochen, dass die Abende mit Pasta-Spezialistin Rose und Jazz-Sängerin Treeck nicht nur lehrreich sind, sondern vor allem jede Menge Spaß machen.

Selbst gemachte Fazzoletti mit Ricotta-Pesto-Füllung

200 g Weizenmehl
2 Eier Größe L, ½ TL Salz

gut verkneten, bis der Teig glatt und geschmeidig ist. Falls nötig, etwas Mehl hinzufügen, bis er nicht mehr klebt. Den Teig 30 Minuten in Klarsichtfolie im Kühlschrank ruhen lassen. In der Zwischenzeit für die Füllung zunächst das Pesto (Rezept siehe S. 57) herstellen. Anschließend

250 g Ricotta (als Variante Frischkäse)
1–2 EL Pesto Genovese
2 EL frisch geriebenen Parmesankäse
evtl. Salz

gut vermengen. Die Arbeitsfläche gut bemehlen und den Nudelteig ausrollen, bis er schön dünn ist. Für die Fazzoletti Quadrate von ca. 5 x 5 cm ausrädeln (auch für Caramelle benötigen Sie diese Grundform). Die Füllung wird mit einem Teelöffel in die Mitte gegeben, die Ränder mit Wasser eingesprüht oder mit

etwas Eigelb

bepinselt. Für Fazzoletti den Teig zu einem Dreieck klappen, die Ränder gut andrücken und die Enden zusammendrehen, sodass eine Form wie ein Taschentüchlein oder eine Serviette entsteht. Für Caramelle wird die Füllung vom Teig umwickelt wie ein Bonbon und an den Rändern zugekniffen.

Die gefüllten Nudeln ca. 10 Minuten in Salzwasser garen: Sie sind gut, wenn sie oben schwimmen. Die Fazzoletti oder Caramelle in Pesto schwenken und sofort servieren.

TIPP

Die Ricotta-Pesto-Füllung kann ruhig etwas salziger sein, denn durch den Kochvorgang verliert die Füllung etwas an Intensität.

PRODUKT*INFO* Salbei

Der Salbei liebt die Küstenregionen des Mittelmeeres. Seit Jahrhunderten wird er als Würz- und Heilkraut geschätzt. Seine länglichen graugrünen Blätter verbreiten ein intensives Aroma. Das Gewürz sollte deshalb nur sparsam dosiert werden. Es ist Bestandteil von italienischen Gewürzmischungen und passt zu Suppen, Fleisch und Fisch.

Der blauviolett blühende Salbei ist eine beliebte Bienen- und Schmetterlingsweide. An einem sonnigen trockenen Standort können Sie die dekorative Pflanze auch auf dem Balkon kultivieren. Salbei ist mehrjährig, am aromatischsten aber im zweiten Jahr. Das Kraut macht fette Speisen bekömmlicher und fördert die Wundheilung. Die Pflanze enthält ätherische Öle wie Kampfer. Eine Gurgellösung aus Salbeitee hilft deshalb bei Halsschmerzen. Da Salbei den giftigen Wirkstoff Thujon enthält, sollte man allerdings nicht mehr als zwei bis drei Tassen täglich trinken.

Limonen-Mascarpone-Creme mit Erdbeeren

	Für das Dessert
250 g Erdbeeren	waschen, putzen, halbieren, mit
2 EL Zucker	bestreuen und mit
2 EL Limonenlikör, z.B. Limoncello	aromatisieren.
1 Limone	waschen und mit einem Zestenreißer Streifen von der Schale abreißen, den Limonensaft auspressen.
250 g Mascarpone	mit Limonensaft,
3–4 EL Zucker	und
0,1 l Sahne	verrühren, die Limonenzesten zu zwei Dritteln hinzufügen.

Die Mascarponecreme in Dessertschalen geben, Erdbeeren hinzufügen und das Ganze mit den restlichen Limonenstreifen dekorieren.

TIPP

Falls Sie keinen Zestenreißer besitzen sollten, können Sie die Limone genauso gut mit einem Sparschäler schälen und die Schale in feine Streifen schneiden.

Ellen Treeck

Seit 1997 produziert Sabine Rose in ihrer Nudelmanufaktur „Teigwaren & mehr" Gourmet-Pasta nach traditionellen italienischen Rezepten, größtenteils in Handarbeit. Ob Bandnudeln, Gnocchi oder gefüllte Teigtaschen – immer legt die Chefin des Herdecker Unternehmens Wert auf naturbelassene und hochwertige Zutaten. Eine erste Adresse nicht nur für Gastronomen, wie der „Feinschmecker" 2003 urteilte.

Für ihre Privatkunden bietet Sabine Rose in einem kleinen Feinkostgeschäft über 50 hausgemachte Nudelsorten für die Mittags-Pasta bis zum abendlichen Menü. Täglich frisch – das gilt nicht nur für das Pasta-Sortiment. Die Feinkosttheke bietet außerdem von Käse und Schinken über Olivenöl und Aceto bis zu Schokoladen, Wein und Grappa alles, was der Liebhaber der italienischen Küche begehrt.

Erdbeerschnitten

Die Zutaten reichen für ein großes Bäcker-Backblech
oder zwei normale Backbleche.

12 Eier	aufschlagen. Dann
500 g Butter	
400 g Zucker	in eine Küchenmaschine geben und langsam rühren (es kann auch ein Handrührgerät benutzt werden). Nach und nach die Eier dazugeben.
500 g Mehl	mit
2 Päckchen Backpulver	vermengen und ebenfalls unterrühren. Zum Schluss mit
200 g Speisestärke	
2 EL Vanillezucker	
1 Prise Salz	vermengen. Ein großes Backblech mit
Öl	ausstreichen. Damit der Teig nicht festklebt, können Sie
etwas Paniermehl	darüberstreuen. Dann den Teig auf dem Blech verteilen und für 25 Minuten bei 180 °C backen.
1,5 kg gefrorene Erdbeeren	mit
200 g Tortenguss	
200 g Zucker	eindicken.
2 kg frische Erdbeeren	waschen und klein schneiden und auf den gebackenen Teig legen. Dann die gekochte Erdbeermasse darübergeben und kalt stellen. Zum Schluss
1 l Sahne	
3 EL Zucker	
1 EL Sahnesteif	steif schlagen und etwa einen Zentimeter dick über dem Erdbeerkuchen verteilt. Einige
Plätzchenstreusel oder gebrannte Mandeln	darüberstreuen.

Anni Peters ist der unermüdliche Motor der großen Peters-Familie. Auch mit Mitte 70 steht sie fast jeden Morgen ab fünf Uhr in der Backstube und geht dort ihrem Enkel Thorsten Föcker zur Hand, der in der dritten Generation den Betrieb in Haltern-Lavesum leitet. Seine Großmutter ist eine Art „Pionierin der Direktvermarktung".

Als junge Frau hatte sie in eine Bauernfamilie eingeheiratet und war, wie sie selbst in einer Biografie schreibt, die „Leibeigene" der Altbauern. Dass die junge Anni Produkte selbst auf dem Markt verkaufen wollte – ein Ding der Unmöglichkeit. Trotzdem hat sie es geschafft: Anni Peters machte ihren eigenen Laden auf, arbeitete Tag und Nacht und ließ sich von niemandem „in die Suppe spucken", wie sie selbst sagt. Und: Noch immer wird in der Backstube auf ihre alten Rezepte zurückgegriffen, auch von Enkel Thorsten. Der weiß: Viele Kunden kommen zu Peters, weil hier der Kuchen genauso lecker schmeckt wie bei Muttern.

Thorsten Föcker und Anni Peters

Glühweinkuchen

4 Eier, 250 ml Öl
250 g Puderzucker
150 g Mehl, 150 g Speisestärke
1 Päckchen Backpulver
1 TL Zimt, 1 EL Lebkuchengewürz
50 g Schokoraspel
1–2 Tassen Glühwein in eine Schüssel geben und mixen.
Ein Backblech mit
Öl einfetten und mit
Paniermehl bestreuen und die Teigmasse gleichmäßig darauf verteilen.
Dann bei 180 °C 30 Minuten backen. Den gebackenen Kuchen anstechen und noch einmal
1–2 Tassen Glühwein darauf verteilen.
1 Paket Puderzucker mit
1 Schuss Glühwein verrühren und gleichmäßig auf dem Kuchen verteilen.
Am besten noch 24 Stunden stehen lassen, damit sich das Aroma gut entfalten kann.

PRODUKT*INFO* **Glühwein**

Wer hat sich nicht nach dem Besuch eines Weihnachtsmarktes schon vorgenommen, beim nächsten Mal mit dem Glühwein etwas vorsichtiger zu sein? Das heiße Getränk wärmt nämlich nicht nur von innen, es kann auch für ziemliche Schmerzen – den im Ruhrgebiet bekannten „dicken Kopp" – sorgen.

Grund ist häufig der verwendete Rotwein. Ist dieser von schlechter Qualität und wird er zudem übermäßig mit Zucker gewürzt, dann ist der „Brummschädel" fast schon vorprogrammiert.

Auf Nummer sicher geht, wer seinen Glühwein selbst herstellt. Dazu eignen sich schwere spanische Weine und Rhone-Weine gehobener Qualität. Gewürzt wird mit Zimtstangen, Gewürznelken, Sternanis und etwas Zitronenschale. Zum Süßen nur kalt geschleuderten Honig benutzen – sollte auch hier nach dem Verzehr der Kopf schmerzen, kann es dann nur noch an der Menge liegen, die getrunken wurde.

Peters Backstube, Thorsten Föcker (Haltern)

Pflaumenkuchen
mit Streuseln vom Blech

Zutaten für ein Blech

Zunächst

250 g Butter	
250 g Zucker	mit einem Handrührgerät gut mischen, dann
8 Eier und 250 g Mehl	nach und nach dazugeben. Der Teig wird schöner, wenn Butter und Eier nicht kalt sind, sondern etwa Zimmertemperatur haben.

Danach

1 EL Vanillezucker	
200 g Stärke	
1 Päckchen Backpulver	
1 Prise Salz	
1 Schuss Zitronenaroma	untermischen und sehr gut durchkneten. Der Rührteig sollte ganz locker sein. Ein Backblech mit
etwas Öl	einfetten und die Teigmasse gleichmäßig darauf verstreichen.
2 kg Pflaumen	waschen, entkernen und halbieren. Auf den Teig legen, bis dieser gleichmäßig mit den Früchten bedeckt ist. Mit
Zucker oder einem Zimt-Zuckergemisch	bestreuen.

Für die Streusel werden

125 g Butter	
250 g Zucker	mit der Hand gut durchgeknetet. Dann
375 g Mehl	dazugeben und so lange kneten, bis es eine feine, eher trockene Masse gibt. Die Streusel über den Pflaumen verteilen und das Blech 90 Minuten bei 160 °C in den Ofen schieben.

Westfälischer Senfrostbraten

800 g Roastbeef	in Scheiben schneiden und kurz klopfen.
1 Ei	
1 EL Senf (Schärfe nach Belieben)	
2–3 EL Mehl	miteinander verrühren und die Masse auf die Roastbeefscheiben streichen. Die Senfseite mit
etwas Mehl	mehlieren und die Scheiben mit der bestrichenen Seite in
etwas Fett	zuerst kräftig anbraten. Dann mit
Salz und Pfeffer	würzen und das Fleisch bei 160 °C 5 Minuten durchziehen lassen. Für die Pfefferpotthast-Sauce
1 große Gemüsezwiebel	in Streifen schneiden und in erhitztem
Griebenschmalz	anschwitzen.
Pfefferkörner	in einem Mörser zerstoßen und mit
1 Lorbeerblatt	dazugeben. Das Ganze mit
0,8 l Rinderbrühe	auffüllen und 10 Minuten leicht kochen lassen. Um die Sauce zu binden,
4 Scheiben geriebenes Toastbrot (oder Weißbrot)	unterrühren.
1 kg Kartoffeln	schälen und würfeln. Kartoffeln bei kleiner Temperatur in
Griebenschmalz	braten. Dann
50 g Speckwürfel	dazugeben und mitbraten. Ganz zum Schluss
1 kleine gewürfelte Zwiebel	untermengen und die Röstkartoffeln nach Belieben mit
1 Stück Butter	verfeinern.
4 mittelgroße Möhren	schälen und in Stifte schneiden,
4 Hand voll Kaiserschoten	halbieren. Das Gemüse nach und nach in der Pfanne kurz anbraten und mit
Salz und Pfeffer	würzen.

Zwei Scheiben Senfrostbraten pro Person auf der Pfefferpotthast-Sauce anrichten, das Gemüse anlegen. Die Röstkartoffeln servieren Sie am besten in einer gesonderten Schüssel. Dazu passt ein würziges helles Bier.

Frank Tegt

Bei ihrer Einweihung 1898 war die Zeche Zollern die Musterzeche der Gelsenkirchener BergwerksAG. Ein Modell der Anlage wurde sogar auf der Weltausstellung in Lüttich präsentiert – denn das „Schloss der Arbeit" vereinte herrschaftliche Architektur und modernste Technik. 1.600 Bergleute fuhren hier Anfang des 20. Jahrhunderts ein und förderten über 300.000 Tonnen Kohle pro Jahr. Mit der Kohlekrise in den 60ern kam auch für die Zolleraner das Aus.

Heute steht die Zeche unter Denkmalschutz und ist die Zentrale des Westfälischen Industriemuseums. Hier in Dortmund-Bövinghausen können alte und vor allem junge Besucher jede Menge über den Arbeitsalltag „auf Zeche" erfahren. Mit der Grubenbahn kann man das Gelände erkunden und seltene Pflanzen machen das Terrain zum Mekka für Naturfreunde.

Die berühmte Jugendstilhalle lädt zu Konzerten und Ausstellungen, und wer müde Füße bekommen hat, ist bei Frank Tegt genau richtig. Im historisch eingerichteten ehemaligen Pferdestall bietet eine gemütliche Gastronomie westfälisch-deftige Küche – ganz so, wie es sich für das Zechenambiente gehört.

Haus Rodenberg, Sascha Kaminski (Dortmund)

Süßkartoffel-Chili-Suppe
mit Ananasaroma und Kokosflocken

3 große Süßkartoffeln	schälen und würfeln. Dann
1 mittelgroße Gemüsezwiebel	
¼ Ananas (oder 3 bis 4 Scheiben)	in kleine Stücke schneiden.
1 Chilischote (mittelscharf)	entkernen und ebenfalls klein schneiden.
Etwas Knoblauchöl	in einem Topf erhitzen und die Süßkartoffeln, die Ananasstücke und die Zwiebeln darin andünsten. Zum Schluss die Chilistücke dazugeben. Mit
20 ml Orangensaft	ablöschen und mit
150 ml Gemüsebrühe	
50 ml Kokosmilch	
50 ml Sahne	aufgießen. 15 Minuten kochen lassen. Anschließend pürieren und durch ein Spitzsieb passieren. Als letztes, je nach Geschmack, mit
Salz, Pfeffer, Chilisoße und Kokosflocken	abschmecken.

TIPP

Lassen Sie die Kartoffeln nicht zu lange kochen, da diese sonst ihre schöne Farbe verlieren und ganz weiß werden. Auf einem großen weißen Teller serviert, wirkt die gelbe Suppe besonders frühlingsfrisch. Einige rote Pfefferkörner geben optisch zusätzlichen Pfiff.

PRODUKT*INFO* Süßkartoffel

Die Süßkartoffel galt früher als Delikatesse. In England wurde sie sogar besser angenommen als die normale Kartoffel und dank Heinrichs des VIII. erlangte die Knolle einen gewissen Ruf als Aphrodisiakum. Der König aß nämlich – Überlieferungen zufolge – riesige Mengen der süßen Frucht, um seine Manneskraft zu stärken.

Eine Verwandtschaft mit unserer heimischen Kartoffel besteht nicht. Die Süßkartoffel – auch Batate genannt – gehört zur Familie der Windengewächse, deren Pflanzen sich krautartig am Boden winden.

Sie schmeckt – wie der Name schon sagt – süß, besitzt aber auch eine leicht scharfe Note. Deshalb eignet sie sich vorzüglich in Kombination mit Chili oder Paprika. Die meisten Süßkartoffeln werden zwischen Frühsommer und Herbst aus Brasilien importiert. Auch wenn die Frucht in dunklen Räumen bei etwa fünf Grad gelagert wird, ist sie nur begrenzt haltbar.

Sascha Kaminski

Sascha Kaminski kocht in einer wahrlich historischen Kulisse, im ehemaligen Wasserschloss Haus Rodenberg. Erstmals erwähnt wurde die Ritterburg bereits 1290. Im 17. Jahrhundert entstand dann ein barockes Wasserschloss, von dem leider nur noch die Wirtschaftsgebäude erhalten sind. Das Haupthaus, ein riesiger Wohnturm, stand mitten im heutigen Schlossteich und wurde 1801 abgerissen. Der verbliebene, sorgfältig sanierte Gebäudebestand beherbergt einen Teil der Dortmunder Volkshochschule und die Gastronomie. Vor allem große Gesellschaften wie Hochzeiten werden in dem stilvollen Ambiente gern gefeiert.

Sascha Kaminski schätzt an seinem Arbeitsplatz vor allem die Freiheit, neue Gerichte auszuprobieren, Menüs zusammenzustellen und die Gäste zu beraten: Genau das will der gebürtige Dortmunder nämlich und genau deshalb ist er Koch geworden – und nicht, wie erst geplant, Kfz-Mechaniker.

Haus Rodenberg, Sascha Kaminski (Dortmund)

Seeteufel und Perlhuhn auf Hummersoße

	Am besten kaufen Sie
350 g Seeteufel	bereits filetiert. So brauchen Sie den Fisch nur noch in
	etwa 1,5–2 cm dicke Scheiben zu schneiden. Anschließend wird
	er mariniert. Dazu zunächst mit
Limettensaft	von beiden Seiten beträufeln, dann mit
Salz und Pfeffer	würzen und zum Schluss
etwas Sojasoße	darüber geben. Einige Zeit stehen lassen.
4 Perlhuhnbrüste à 150 g	in der Pfanne anbraten. Als erstes erhitzen Sie
etwas Olivenöl	und geben
1 Zweig Rosmarin	sowie
2 Knoblauchzehen	in das heiße Fett. Etwas schwenken und erst dann
	die Perlhuhnbrüste anbraten. Ganz leicht mit
Salz und Pfeffer	würzen, in eine feuerfeste Form geben und bei 200 °C
	für 6–7 Minuten in den vorgeheizten Ofen schieben.
	Der Fisch wird ebenfalls in heißem
Öl	mit
2 Knoblauchzehen	und
1 Thymianzweig	von beiden Seiten goldbraun gebraten. Zum Schluss noch
etwas Butter	dazugeben und kurz schwenken. Fertig.
	Für die Hummersoße
150 g Hummerbutter	in einem Topf auflösen. Dann mit
2 EL Mehl	abbinden und mit
100 ml Weißwein, 100 ml Fischfond	
400 ml Sahne	ablöschen. Mit
1 Schuss Sojasoße	
etwas Pernod	
klein gehacktem Dill	verfeinern. Nur kurz aufkochen und dann über den gebratenen
	Fisch und das Perlhuhn geben.
	Als Beilage können Sie Reis und Erbsenschoten zubereiten,
	aber auch Kartoffeln oder Brokkoli.

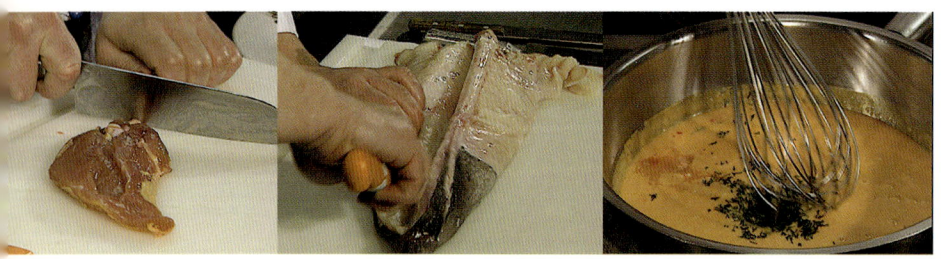

PRODUKT*INFO* **Perlhuhn**

Schon die Römer wussten das schmackhafte Fleisch der Perlhühner zu schätzen und auch im Mittelalter stand diese Geflü-
gelsorte bei den wohlhabenden Menschen ganz oben auf dem
Speiseplan.

Damals ahnte natürlich noch niemand, dass Perlhuhnfleisch zu
den kalorienärmsten Fleischsorten überhaupt zählt. Außerdem ver-
fügt es über einen hohen Anteil ungesättigter Fettsäuren, hat einen
extrem niedrigen Cholesteringehalt und enthält viele Mineralstoffe
wie Kalzium, Eisen und Magnesium.

Die meisten Perlhühner, rund 60 Millionen pro Jahr, werden in
Frankreich gezüchtet. Bei Aufzucht und Mast der Tiere gelten strenge
Qualitätsmaßstäbe. Geschlachtet werden die Perlhühner erst, wenn
sie ausgewachsen sind. Perlhühner, die mit dem „Label Rouge" ausgezeichnet sind, müssen ein Mindestalter von 94 Tagen haben und
auf kräuterreichen Weiden aufgewachsen sein. Das erklärt dann auch
den – im Vergleich zu anderen Geflügelsorten – höheren Preis.

Haus Rodenberg, Sascha Kaminski (Dortmund)

Marmorierte Schokoladenmousse auf Erdbeercarpaccio

100 g dunkle Kuvertüre
100 g weiße Kuvertüre getrennt über einem kochenden Wasserbad schmelzen.
3 Blatt weiße Gelatine in kaltem Wasser einlegen. Für die dunkle Mousse
2 Eigelb mit
50 g Zucker heiß, also über kochendem Wasser, mit einem Schneebesen aufschlagen. Ein Blatt Gelatine dazugeben. Gut verrühren und dann die dunkle Kuvertüre,

125 ml geschlagene Sahne und
etwas Weinbrand unterrühren. Für die helle Mousse noch einmal
2 Eigelb mit
50 g Zucker heiß mit einem Schneebesen aufschlagen. Zwei Blatt Gelatine dazugeben. Gut verrühren und dann die weiße Kuvertüre,

125 ml geschlagene Sahne und
etwas Weinbrand unterrühren.
Anschließend zunächst die weiße und dann die dunkle Masse in eine Form füllen und in der Tiefkühltruhe oder im Gefrierfach frosten. Serviert wird die marmorierte Schokoladenmousse auf

6–8 hauchdünn geschnittenen Erdbeeren.

Lammfilet in Kartoffelkruste auf Gemüse

1 kleine Gemüsezwiebel
1 rote Paprika, 1 gelbe Paprika
1 kleine Zucchini, 1 Stange Lauch
2 Möhren, 12 Champignons waschen bzw. putzen und anschließend in nicht zu kleine Stücke (mundgerecht, sodass es später kurz in der Pfanne bissfest gegart werden kann) schneiden. Bei

1 Wirsing zunächst den Strunk entfernen, die Blätter einzeln ablösen, die Rippen heraustrennen und ebenfalls in Stücke schneiden.

8 Kartoffeln schälen und auf einer Reibe raspeln (wie Rösti, d.h. etwas gröber als für Reibekuchen). Nach Geschmack vorsichtig

Salz dazugeben. Aus

1 Lammrücken (oder 4 Lammfilets) die Filets vorsichtig auslösen und anschließend die Sehnen und Fettstreifen abschneiden. Die beiden Fleischstücke in vier gleich große Teile schneiden und von beiden Seiten mit

Salz und Pfeffer würzen.

Etwas Butterschmalz in einer Pfanne (etwa 24 cm Durchmesser) erhitzen. Darin dann die geriebenen Kartoffeln nur von einer Seite zu vier großen Rösti backen. Die Masse sollte den gesamten Pfannenboden bedecken. Die Rösti einzeln, mit der gebackenen Seite nach unten, auf einem Stück Küchenpapier „zwischenlagern".
Als nächstes die Lammfilets in

etwas Olivenöl von beiden Seiten anbraten (etwa 2 Minuten von jeder Seite). Die Filets aus der Pfanne nehmen, in

Paniermehl wälzen und jeweils in einen Rösti einwickeln. Auf einen Rost legen und bei 200 °C für 8–10 Minuten in den vorgeheizten Backofen schieben.
Das geschnittene Gemüse kurz in einer Pfanne garen. Mit etwa

50 ml Lammfond aufgießen.

150 ml Lammfond auf dem Herd kurz zu einer Soße einreduzieren,

frischen Thymian dazugeben und

etwas Butter unterziehen. Das Lammfilet aus dem Ofen nehmen und in Scheiben aufschneiden. Eine Portion Gemüse auf einen Teller geben, das Lammfilet dazulegen und etwas Soße darübergießen.

TIPP
Für das Gemüsebett können Sie auch Tomaten oder Auberginen nehmen – ganz nach Ihrem Geschmack.

Wer als Gast in die Rohrmeisterei kommt, der kann – neben kulinarischen Köstlichkeiten wie etwa „Lamm in Kartoffelkruste" – auch die Geschichte des Ruhrgebiets hautnah und eindrucksvoll erleben.

Die alte Pumpstation, erbaut im Jahre 1896, hatte einst eine wichtige Funktion für die Trinkwasserversorgung im östlichen Revier. Bis 1924 wurde aus dem Ruhrtal das Wasser hinauf nach Dortmund gepumpt. Dann musste sie wegen Unwirtschaftlichkeit stillgelegt werden. Unterschiedliche Firmen nutzten danach die Gebäude, bis diese schließlich irgendwann leer standen und zu verfallen drohten. Erst eine Bürgerinitiative rettete die alte Pumpstation.

Rohrmeisterei

Heute ist die Rohrmeisterei ein „Haus für alle". Hier gibt es Kulturprojekte für Kinder und Jugendliche, Theateraufführungen, Konzerte und Kabarett. Auf dem Gelände finden Besucher eine historische Senfmühle und ein Tonstudio. Wichtiges Standbein und Einnahmequelle für die Bürgerstiftung ist und bleibt aber die Gastronomie. In der Küche wird hauptsächlich mit Produkten aus der Region gearbeitet. Man unterstützt den fairen Handel und alle Erträge kommen den gemeinnützigen Projekten der Bürgerstiftung zugute.

Kaninchenfilet
auf Linsen-Sahne-Schaum

	Die Filets aus
2 Kaninchenrücken	auslösen (evtl. schon ausgelöst beim Metzger bestellen – aber Knochen mitbestellen).
Knochen	hacken und anbraten.
Röstgemüse (Sellerie, Lauch, Möhren)	hinzugeben und mit anrösten.
1 EL Tomatenmark	zugeben und mit
etwas Wasser	ablöschen. Die Hitze reduzieren, wieder rösten und ablöschen Den Vorgang so oft wiederholen, bis eine dunkle Farbe entstanden ist (3- bis 4-mal). Zum Schluss mit
0,2 l Weißwein	ablöschen. Mit
Wacholderbeeren, Piment, Lorbeerblatt	würzen, mit Wasser auffüllen und ca. 2 Std. schwach köcheln lassen. Anschließend passieren.
250 g Linsen	in
etwas Butter	anschwitzen, mit etwas Sauce auffüllen und weich kochen. Die weichen Linsen mit dem Pürierstab pürieren und
0,2 l geschlagene Sahne	unterrühren.

1 Kopf Wirsing	von den dicken Strünken befreien. Die Blätter feinblättrig schneiden. Salzwasser zum Kochen bringen und den Wirsing darin blanchieren. Anschließend in Eiswasser abschrecken.
1 Zwiebel	
100 g durchwachsenen gewürfelten Speck	anrösten,
etwas Butter	zugeben und mit
etwas Mehl	abstäuben, hell anrösten und dann abkühlen lassen. Anschließend mit dem kochenden Blanchierfond auffüllen und 10 Minuten schwach köcheln lassen. Mit
Salz und Muskat	abschmecken. Danach die heiße Sauce auf den Wirsing geben, aufkochen lassen und nochmals abschmecken.
200 g Hähnchenbrust	in feine Würfel schneiden, mit
Salz und Pfeffer	würzen.
Verschiedene Kräuter (Petersilie, Kerbel, Estragon, Salbei)	zupfen. Das Fleisch und die Kräuter in eine Küchenmaschine geben, kurz anmixen und vorsichtig
etwas flüssige Sahne	zugeben.
4 dicke Kartoffeln	in Alufolie einpacken, auf
grobem Salz	im Backofen bei 180 °C etwa 40–50 Minuten garen. Wenn die Kartoffeln gar sind, aufschneiden und aushöhlen. Die Kartoffelmasse mit
Salz, etwas Muskatnuss und Butter	würzen.
Etwas gehackten Spinat	zugeben. In einen Spritzbeutel füllen und noch heiß wieder in die Kartoffeln einfüllen. Zum Servieren die Kartoffeln einfach wieder für 10 Minuten in den heißen Backofen schieben. Für die Crepinette vom Kaninchen Klarsichtfolie auf dem Tisch ausbreiten und mit etwas Wasser befeuchten.
1 Schweinenetz (beim Metzger bestellen!)	darauf ausbreiten. Die Farce aufstreichen und die Kaninchenrückenfilets gegeneinander darauf platzieren. Dann mit dem Schweinenetz und der Farce fest einwickeln. Etwa 10 Minuten im Ofen bei 180 °C Umluft garen.

Ernst Scherrer

Mit 13 Jahren schon stand Ernst Scherrer mit seiner Mutter in der Küche und hat sieben Geschwister bekocht. Zehn Jahre später – das war 1970 – war der Duisburger der jüngste Küchenmeister Deutschlands.

In den Kochtöpfen geschnuppert und selbst angerührt hat er in den großen Hotels – in England, Frankreich, in der Schweiz und auf der Insel Jersey. Der Liebe wegen zog es ihn nach Recklinghausen.

Mitten im Grünen führt er seit zwanzig Jahren gemeinsam mit seiner Frau ein Restaurant und Hotel: ein altes Dorfschulgebäude mit roten Backsteinen, das er vor zwanzig Jahren selbst zu einem Landhaus mit Vinothek umgebaut hat.

Für Künstler und Schauspieler, die in Recklinghausen gastieren, ist das Landhaus Scherrer längst zum Geheimtipp geworden. Wenn der letzte Vorhang gefallen ist und alle Lokale längst dicht sind, dann beweist Ernst Scherrer sein Herz für das Künstlervolk und heizt noch mal die Pfanne auf.

Berberitzenreis
mit Huhn und Spinatsalat

Rezept für 6–8 Personen

Für den Spinatsalat

2–3 Tassen Joghurt	in ein Küchentuch geben und mindestens eine Stunde abtropfen lassen.
1,5 kg frischen Spinat	sehr gründlich waschen, abtropfen und grob zerkleinern. Das Gemüse ohne Wasser in einem großen Topf erhitzen, nach und nach alles dazugeben, bis der Spinat zusammenfällt.
	In einer großen Pfanne
2 mittlere, gewürfelte Zwiebeln	in
etwas Öl und Butter	hellbraun anbraten,
3–4 fein gehackte Knoblauchzehen	sowie
1 TL Kurkuma	dazugeben. Den Spinat unterrühren, mit
Salz und Pfeffer	würzen und bei mittlerer Hitze ca. 20 Minuten dünsten. Zur Seite stellen und abkühlen lassen.
1 kg Basmatireis	gründlich waschen und in Wasser mit
2–3 EL Salz	eine halbe Stunde einweichen.
	Den abgetropften Reis mit
1–2 EL Salz	in reichlich kochendes Wasser geben und nach 5 Minuten in einem großen Sieb abtropfen lassen.
	In einem Topf
1 EL Öl, 1 EL Butter	erwärmen. Den Reis in den Topf geben und mit einem Kochlöffelstiel mehrere Luftlöcher in die Reismasse stechen.
2 EL Butter	
½ Glas Wasser	erwärmen, darübergießen und ca. 20 Minuten bei geschlossenem Deckel dünsten.
	In der Zwischenzeit
2–3 Hähnchenbrustfilets	waschen, trockentupfen, in grobe Stücke schneiden und auf beiden Seiten goldbraun anbraten. Mit
Salz, Pfeffer, Kurkuma	
dem Saft einer Zitrone oder Limette	abschmecken. Mit wenig Wasser ca. 15 Minuten garen lassen.
100 g Berberitzen	von kleinen Stielen und versteckten Steinchen befreien und gründlich waschen. Mit
1 EL Butter, 1 EL Zucker	
1 kleinen TL eingeweichtem Safran	kurz erhitzen – die Butter sollte nur schmelzen, sodass die Früchte eine glänzende Farbe haben.

Zum Servieren den entwässerten Joghurt mit dem lauwarmen Spinat vermengen und auf einen Teller geben. Dazu passen Fladenbrot oder Weizenbrötchen.

Den Reis auf eine große Platte geben, das Hähnchenfleisch darüber, die Berberitzen auf dem Fleisch verteilen. Als Clou ein paar Löffel gelborange-farbenen Safranreis darüberstreuen.

INFO

Berberitzen stammen aus Persien und sind die Früchte des Berberitzenstrauches. Die Beeren bekommt man wie Safran in jedem Asia-Laden. Übrigens: Berberitzen sind sehr gesund, in Persien gelten sie als blutreinigend und als ausgezeichnetes Mittel gegen Bluthochdruck.

In ihrer Heimat Persien gehört Berberitzenreis mit Hühnchen auf jede Festtafel. Doch auch im Ruhrgebiet sorgt Ferdos Motedayen dafür, dass die traditionellen Rezepte nicht in Vergessenheit geraten. Seit 15 Jahren betreibt die sympathische Unternehmerin eine persische Feinbäckerei im Dortmunder Osten. Der Duft der Backwaren erinnert an orientalische Märkte und von hier importiert sie die wichtigsten Zutaten: Rosenwasser, Kardamom, Safran und Kichererbsenmehl.

Als Ferdos Motedayen vor 31 Jahren mit ihrem Mann Atta nach Deutschland kam, wollte sie nicht backen, sondern studieren. Elektrotechnik an der Trierer Universität, als einzige Ausländerin unter 600 Studenten. Nach dem erfolgreichen Examen blieb sie wegen ihrer drei Kinder erst einmal zu Hause.

Die Idee zum Laden stammt von Atta, doch mittlerweile ist die Feinbäckerei „Schirin" Familiensache. Alle helfen mit, wenn kulinarische Messen bevorstehen oder Lieferungen für Feinkostgeschäfte gepackt werden müssen, denn die köstlichen Plätzchen sind mittlerweile weit über Dortmunds Grenzen hinaus geschätzt.

Ferdos Motedayen

Latte Macchiato von Waldpilzen

0,5 kg gemischte Waldpilze	
0,5 kg Champignons	säubern und in Scheiben schneiden.
3 Schalotten	schälen, fein würfeln und in einem Topf andünsten.
	Danach die Pilze dazugeben und scharf anbraten. Wenn sie eine goldbraune Farbe haben,
2,5 l Wasser	angießen und ca. 30 Minuten kochen, sodass die Flüssigkeit um die Hälfte reduziert wird. Zu diesem Pilzkonzentrat
0,5 l Crème double	geben, noch einmal aufkochen und in einem Küchenmixer pürieren. Das Püree durch ein Sieb passieren und mit
Salz und Pfeffer	abschmecken.
	Für den Kartoffelschaum
500 g Kartoffeln	schälen, kochen und das Kartoffelwasser aufbewahren. Die weich gekochten Kartoffeln durch eine Presse drücken und mit
200 g Kartoffelwasser	
250 g Sahne	
70 g Olivenöl	gut vermengen. Die Masse durch ein Sieb streichen und mit
Salz, Pfeffer und Muskat	abschmecken.

Zum Schluss die Masse in einen Sahnespender füllen und die Druckpatronen einsetzen. Das Gefäß bei ca. 70 Grad im Wasserbad warm halten.

Zum Servieren Latte-Macchiato-Gläser zu zwei Dritteln mit der Pilzsuppe füllen und dem warmen Kartoffelschaum auffüllen. Dazu passt ein frisch gezapftes Bier.

Franz L. Lauter

Franz L. Lauter – der Maler, der kocht, war auch schon im ersten Ruhrpott-Kochbuch dabei. Der für seine Schlemmer-Kreationen vielfach ausgezeichnete Spitzengastronom hat uns diesmal die Tricks für eine luftig-leichte Pilzsuppe und sein ganz spezielles Tiramisu verraten.

Wer sich persönlich verwöhnen lassen möchte, muss seit November 2004 ins Münsterland fahren. Nach 22 Jahren im Lüner „Schloss Schwansbell" lädt der Koch und Künstler nun ins „Schloss Restaurant Nordkirchen". Das als „westfälisches Versailles" bekannte Barockschloss war im 18. Jahrhundert der Sitz des Fürstbischofs. Heute gehört es zum Weltkulturerbe.

Die neue Wirkungsstätte bietet alles von der intimen Familienfeier bis zum großen Open-air-Event. Besonders im Sommer ist Nordkirchen aber auch ein Ausflugstipp: Der romantische Schlossgarten lädt zum Flanieren ein und bietet die ideale Kulisse zum Heiraten. Denn neben der Fachhochschule für Verwaltung hat auch das Standesamt seinen Sitz im barocken Wasserschloss.

Tiramisu

Für das Dessert

250 g Magerquark	
100 g Puderzucker	
2 Eigelb	vermengen.
2 Eiweiß	
100 ml Sahne	getrennt steif schlagen und vorsichtig unterrühren.
	Die in
200 ml kaltem Kaffee	getränkten
200 g Löffelbiskuits	

getrennt steif schlagen und vorsichtig unterrühren.
Die in
getränkten
und die Quarkmasse abwechselnd in eine flache Schüssel
schichten. Damit sie fest wird, muss sie ca. 3 Stunden kalt
gestellt werden.
Das Tiramisu nach Belieben rund ausstechen oder in Stücke
schneiden und mit etwas Obst und ein paar Minzblättchen
dekorieren.

INFO

*Die Tiramisu-Variante von Franz L.
Lauter ist gerade im Sommer eine
gute und leichte Alternative zu der
kalorienreichen üblichen Machart,
denn er verwendet statt dem sehr
fetthaltigen Mascarpone Magerquark.*

PRODUKTINFO Kaffee

In grauer Vorzeit fiel einst einem Hirten auf, dass die Ziegen,
die von einem Strauch mit weißen Blüten und roten Früchten
gefressen hatten, munter herumsprangen, während die anderen müde waren. Als der Hirte die Früchte selbst probierte, stellte
er bei sich eine belebende Wirkung fest – die Kaffeebohne war
entdeckt, so die Legende.

Ursprünglich soll der Kaffee aus der Provinz Kaffa in Äthiopi-
en stammen. Erwähnt wird er dort schon im 9. Jahrhundert. Über
die arabische Hafenstadt Mokka im Jemen gelangten die Bohnen
in den gesamten Orient. Sie wurden geröstet, zermahlen, aufge-
kocht und in kleinen Schalen serviert.

Das erste europäische Kaffeehaus entstand 1645 in Venedig,
dann folgten Wien und Bremen. Wegen seines hohen Preises konnten sich nur gut situierte Bürger und Aristokraten das aromatische Getränk leisten. Die ärmere Bevölkerung trank Muckefuck.

Da sich heute sechs Großanbieter den kompletten Markt teilen,
ist Kaffee so billig wie noch nie. Wer die Existenz der Kaffeebau-
ern sichern will, sollte Produkte des Fairen Handels kaufen – sie
sind entsprechend gekennzeichnet.

Über die Kaffeesteuer nimmt der Staat rund 1 Milliarde Euro
ein, denn die Deutschen sind Genießer. Jeder Bundesbürger trinkt
im Durchschnitt vier Tassen pro Tag, damit ist das belebende Getränk noch beliebter als Bier.

Edle Paprikasuppe

Rezept für 4–6 Personen

Zunächst

1 Kalbshaxe in kaltem Wasser aufsetzen.

Wacholderbeeren, Lorbeerblätter
Pfefferkörner
2–3 Zwiebeln ins Wasser geben. Langsam 3–4 Stunden simmern (köcheln) lassen, bis das Fleisch gar ist. Anschließend durch einen Filter (z.B. Kaffeefilter) passieren. Das Fleisch kann man mit einer Meerrettichsauce verzehren oder kalt zu einem Salat reichen.

4 gelbe Paprikaschoten in feine Streifen und
3 Schalotten in kleine Stücke schneiden.

In einem Topf

etwas Olivenöl und Butter erhitzen, die Schalotten dazugeben und sofort
Salz dazugeben, damit die Schalotten reichlich „Wasser lassen". Dann die Paprikastücke in den Topf geben, mit
Pfeffer, Chili würzen und danach mit
1 l Kalbsfond aufgießen. So lange kochen, bis die Paprikastreifen weich sind. Anschließend den Inhalt des Topfes mit einem Mixer (Zauberstab) pürieren, noch einmal kurz auf den Herd stellen, mit
250 ml Sahne abschmecken, aber nicht mehr aufkochen lassen, damit der feine Sahnegeschmack nicht zerstört wird.

Vor dem Servieren

feine Streifen von
italienischem Schinkenspeck in einer Pfanne kross anbraten. Die Suppe auf einen Teller füllen, mit Schinkenstreifen und
frischem Thymian garnieren – nach Geschmack auch noch mit
etwas Kürbiskernöl.

Jan Möllmann, der ja auch schon im ersten Ruhrpott-Buch mit dabei war, kommt im zweiten Band eine besondere Rolle zu. Er hat nämlich alle Gerichte – mit Ausnahme der Kuchen – nachgekocht und für die Fotos arrangiert. Keine leichte Aufgabe, wie die Autorinnen zugeben müssen, aber als echter Profi am Herd hat Jan diese Herausforderung mit Bravour gemeistert. Danke dafür und sorry, wenn wir mal aus Töpfen und Pfannen genascht haben! Vier Tage war die Siedlerklause in Dortmund-Brechten für Gäste gesperrt. Aber auch wenn es im Restaurant manchmal aussah wie auf einem Flohmarkt und Jan sich in der Küche zeitgleich mit vier Rezepten beschäftigen musste: Das Ergebnis hat am Ende alle überzeugt.

Jan Möllmann

Seezungen-Röllchen

2 große Seezungen à 400g	enthäuten und filetieren,
etwas Wildlachs	auf die Hautseite des Fisches legen, vorsichtig mit
Salz und Pfeffer	würzen, da der Lachs in der Regel schon sehr salzig ist. Dann
getrocknete Seetangblätter	nehmen und den Fisch darin zu kleinen Röllchen einrollen. Etwas Alufolie mit
Öl oder flüssiger Butter	bestreichen und die Fischröllchen darin wie ein Bonbon verpacken. Bei 180 °C kommt der Fisch 15 Minuten im Wasserbad in den Ofen. Für die Soße
1 Zwiebel	in Streifen schneiden und in einem Topf mit
heißer Butter	ausgelassen. Unbedingt sofort mit
Salz und Pfeffer	würzen, damit die Zwiebeln den Saft gut abgeben (nicht braun werden lassen). Mit
¼ l Weißwein	ablöschen und einkochen lassen, bis die Zwiebeln gerade noch bedeckt sind. Dann
¼ l Sahne	unterrühren. Nicht aufkochen lassen, da sonst die Sahne nicht mehr so schön cremig ist. Gewürzt wird mit
2–3 EL Dijonsenf.	Wahlweise können Sie auch
Dill, Estragon oder Basilikum	nehmen.
1 Stange Lauch	zunächst in feine, etwa 3 cm lange Streifen schneiden. In einem Topf Wasser aufsetzen,
Curry, Zucker und Salz	dazugeben, aufkochen lassen und dann den Lauch kurz blanchieren. Vor dem Servieren geben Sie die Soße auf einen Teller, legen die Seezungen-Röllchen darauf und den blanchierten Lauch dazu. Als Beilage eignet sich Wildreis.

PRODUKT*INFO* **Sushi**

J an Möllmann bezeichnet seine „Seezungen-Röllchen" auch gern als „warmes Sushi" und irgendwie sehen die kleinen Häppchen ja auch so aus. Eingewickelt wird der Fisch auch hier in getrockneten Seetang. Die hauchdünnen Blätter sind mittlerweile in jedem Asien-Shop erhältlich.

Wer sich an ein richtiges Sushi herantraut, der sollte vor allem eines beachten: Alle Zutaten müssen frisch und von bester Qualität sein. Das gilt besonders für den rohen Fisch. Verwendet wird in der Regel nur das Filet, und auch da nur die zartesten Stücke. Am besten schon beim Einkaufen sagen, dass Sushi-Qualität gewünscht wird. Auch der Reis ist von besonderer Konsistenz, denn er würde sich sonst nicht so gut formen lassen. Ansonsten brauchen Sie für einen Sushi-Abend (neben Geduld bei der Herstellung der einzelnen Röllchen) japanischen Reisessig, Sojasoße, etwas „Wasabati" (scharfer grüner Meerrettich), Gemüse und eingelegten Ingwer. Er soll den Gaumen zwischen den einzelnen Sushi-Häppchen wieder neutralisieren.

Siedlerklause, Jan Möllmann (Dortmund-Brechten)

Strudel mit Äpfeln und Backpflaumen

Rezept für 4–6 Personen
Als erstes

4 Äpfel (Boskop)	
100 g Backpflaumen	
frische Minze	klein schneiden.
1 Vanilleschote	längs halbieren.
120 g Zucker	in einen heißen Topf geben, karamellisieren und mit
etwa ¼ l Weißwein	und
dem Saft einer Limette	ablöschen.

Dann für die Füllung die Äpfel, die Pflaumen, die Minze, die Vanilleschote und

150 g gehackte Nüsse dazugeben und weich, aber noch bissfest kochen. Die Vanilleschote herausnehmen.
Für den Teig

375 g Mehl	
1 Ei	vermengen. In einem Topf
30 g Butter	
3/4 Tasse Wasser	
1 Prise Salz	erwärmen und mit unter die Teigmasse rühren. Den Teig bei Zimmertemperatur luftdicht 30 Minuten ruhen lassen. Dann durchkneten, hauchfein auf einem Küchentuch ausrollen und mit einer dünnen Schicht
Paniermehl	bestreuen, damit die Füllung den Teig nicht durchweicht. Mit der Apfel-Pflaumen-Mischung füllen und mit Hilfe des Küchentuchs zudrehen. Oben mit einer Gabel einstechen, mit
flüssiger Butter	bestreichen und mit
Semmelbröseln (Paniermehl)	bestreuen. Auf einem gefetteten Backblech ca. 20–30 Minuten bei 220 °C backen.

PRODUKT*INFO* **Pflaumen**

Der Anbau von Pflaumen geht, wie so viele kulinarische Dinge, auf die genussfreudigen Römer zurück. Sie haben die beliebte Frucht aus Kleinasien nach Italien gebracht und später auch nördlich der Alpen verbreitet. Weltweit gibt es mehr als 2.000 verschiedene Pflaumensorten, wobei Fruchtform und Farben stark variieren.

Die sommerlichen Eierpflaumen gehören zu den beliebtesten Sorten. Sie besitzen ein saftiges gelbes Fruchtfleisch, das sich nicht immer leicht vom Stein lösen lässt. Ganz anders die zucksüßen Zwetschgen. Mit ihrem festen Fruchtfleisch eigenen sie sich ganz ausgezeichnet zum Backen.

TIPP

Zwetschgen reifen nicht nach. Sie sollten immer im Kühlschrank aufbewahrt und relativ schnell verzehrt werden. Damit sie kein Wasser verlieren, wickelt man sie am besten in ein feuchtes Tuch.

Kaninchen im Speckmantel mit Gemüse und Rucola-Risotto

Für die Farce

0,3 kg Kaninchenfleisch (Schlegel oder Rückenfilet) von Sehnen befreien, in Würfel schneiden und in einem Cutter fein zerkleinern. Nach und nach

1 dl Sahne unterziehen und

3–4 Eiswürfel dazugeben. Die Masse mit

Salz und schwarzem Pfeffer würzen.

Je 1 Bund Petersilie, Schnittlauch und Kerbel fein hacken und unterziehen.

Für die Sauce

zerkleinerte Kaninchenteile mit Knochen
½ grob gewürfelten Knollensellerie
3 Möhren, 1 Stange Porree
1 Gemüsezwiebel in

Öl anbraten, mit

1 EL Tomatenmark, Salz und Pfeffer würzen und mit

2 dl Rotwein ablöschen. Nach ca. 1 ½ Stunden durchsieben.

Das Gemüse für die Beilage putzen,

300 g Rosenkohl halbieren,

400 g Brokkoli in kleine Röschen zerteilen,

2 Bund grünen Spargel
200 g Bundmöhren schälen. Alle Gemüse je nach Garzeit getrennt blanchieren und in Eiswasser abschrecken, damit die kräftigen Farben erhalten bleiben. Kurz vor dem Servieren in

Butter schwenken.

Für das Risotto

80 g Zwiebeln, 5 g frischen Knoblauch putzen, fein hacken und in

0,02 l Olivenöl andünsten.

200 g Vialone-Reis dazugeben, mit

0,7 l Bouillon ablöschen,

1 Lorbeerblatt dazugeben und 15 Minuten köcheln lassen.

0,1 l Weißwein, 20 g Butter
40 g geriebenen Parmesan unterziehen und kurz vor dem Servieren

125 g klein geschnittenen Rucola unterheben.

Pro Person

4–5 Scheiben Speck auslegen, 70–80 g Farce mit einem Spritzbeutel auftragen, pro Person

1 Rückenfilet (120 g) vom Kaninchen darauflegen und mit dem Speck einrollen.

Das Fleisch in

Öl anbraten,

1 Rosmarinzweig dazugeben und 7–8 Minuten bei 180 °C im Ofen nachgaren lassen.

Thomas Barsties

Qualitätsküche im mediterranen Ambiente verspricht das „Stravinski" seinen Gästen. Das Restaurant im Dortmunder Konzerthaus bietet alles vom Frühstücksbuffet über den Mittagstisch und den Nachmittagskaffee bis zum festlichen Abendmenü. Küchenchef Thomas Barsties möchte jeden Gast verwöhnen: Konzertbesucher, Künstler genauso wie Kunden der Shopping-Meile Brückstraße. Das „Stravinski" ist genau nach seinem Geschmack, denn anspruchsvolle Küche, die tägliche Herausforderung und der ständige Kontakt zum Gast haben ihn an seiner Arbeit schon immer fasziniert. Seit zwanzig Jahren im Beruf, kann er hier in Eigenregie verwirklichen, was er in der Welt gelernt hat.

Weltoffen will auch die Location sein, in der Thomas Barsties fürs leibliche Wohl sorgt. Denn das Konzerthaus will mit Sänger-Stars, hochkarätigen Orchesterkonzerten und Shows die gesamte westfälische Region nach Dortmund locken. Auf die Spielzeit 2005/06 ist das „Stravinski" bestens vorbereitet: Die moderne Küche lässt fast jeden Wunsch wahr werden.

Gasthaus Stromberg, Stefan Manier (Waltrop)

Bachsaibling auf Linsen

1 frischen Bachsaibling filetieren und die Gräten ziehen, dann portionieren und kalt stellen.
Für die Vinaigrette

2 Schalotten
50 g getrocknete Aprikosen
30 g getrocknete Tomaten klein schneiden. Die Schalotten kurz (ca. 1 Minute) in
etwas kochender Gemüsebrühe auslassen. Die Aprikosen- und Tomatenstücke mit
4 EL Olivenöl
2 EL Balsamico anrichten, mit
Salz und Pfeffer aus der Mühle würzen und die Schalotten mit einem Löffel unterheben.
150 g Linsen in etwa 8–10 Minuten bissfest kochen.
Wer mag kann auch noch
grüne und dicke Bohnen blanchieren und mit Eiswasser abschrecken. Linsen und Bohnen mit
Essig, Öl, Salz und Pfeffer abschmecken. Dann mit der Vinaigrette vermischen.
Den Fisch ganz kurz in heißem
30 g Butterschmalz anbraten.
1 Bund Thymian (oder Rosmarin)
1 Knoblauchzehe, mit der Schale zerdrückt zum Würzen mit in das Fett geben. Der Fisch sollte außen goldbraun und innen leicht glasig sein.
Dazu schmeckt ein leichter Sommersalat.

Im Gasthaus Stromberg in Waltrop geht es „wild" zu – denn hier wirbeln gleich zwei „Junge Wilde" in der Küche.

Stefan Manier heißt der eine und sein Motto ist ganz einfach „Kochen aus dem Bauch heraus – Hauptsache, es schmeckt". Damit passt er wunderbar in den Kreis ambitionierter Köche, für die das Kochen echte Leidenschaft ist. Seit 1997 haben sich die „Jungen Wilden" Kreativität und Innovation am Herd auf ihre Fahne geschrieben.

Ideengeber war damals, mit gerade einmal 23 Jahren, Holger Stromberg. Er, dessen Familie seit 150 Jahren in der Gastronomie zu Hause ist, wollte etwas ändern am Image der feinen Küche. Nicht steif sollte sie sein, sondern bunt, abwechslungsreich und trotzdem unverschämt lecker. Wer in den erlauchten Kreis der Jung-Köche aufgenommen wird, muss es zuvor zu wirklicher Meisterschaft gebracht haben. Stefan Manier erkochte sich bereits in jungen Jahren einen der begehr-

Stefan Manier

ten Michelin-Sterne. Im Gasthaus Stromberg will er vor allem eines erreichen: Die Gäste sollen beim Essen genauso viel Spaß haben wie er beim Kochen.

PRODUKT*INFO* **Bachsaibling**

Der Bachsaibling gehört zu den Lachsfischen, er hat deshalb auch ein leicht rötliches, festes Fleisch.

1884 wurde der ursprünglich in den USA beheimatete Fisch erstmals nach Europa gebracht. Der Bachsaibling stellt hohe Ansprüche an seinen Lebensraum. Er benötigt kaltes, sauerstoffreiches und sauberes Wasser und ist in Seen oder Flüssen zu Hause. Sein Fleisch eignet sich zum Braten, Blaukochen oder Räuchern.

Fast alle Lachs- und Forellenrezepte lassen sich auch auf den Bachsaibling übertragen. Wer diesen Fisch einmal ausprobieren möchte, sollte ihn rechtzeitig bei einem Fischhändler bestellen.

Brokkoli-Lachs-Torte
mit Jogurt-Schnittlauch-Sauce

300 g Mehl
60 g weiche Butter
1 Messerspitze Salz
175 ml Wasser zu einem Teig verarbeiten. Er ist gut, wenn er glatt und glänzend ist und kein Mehl mehr aufnimmt. Den Teig mit dem Nudelholz ausrollen, eine Springform (26 cm Durchmesser) einfetten, den Teig gleichmäßig auf dem Boden und an den Rändern verteilen und kühl stellen.

TIPP

Statt Lachs kann man natürlich auch Fleisch verwenden. Das sollten dünn geschnittene Filetscheiben sein, weil sie sonst eine sehr lange Garzeit benötigen.

450 g Brokkoli putzen und in kleine Röschen zerteilen, in kochendem Wasser kurz blanchieren und in kaltem Wasser abschrecken, damit er die kräftige grüne Farbe behält.

500 g frischen Lachs
Zitronensaft mundgerecht in daumengroße Stücke schneiden, mit
Salz und Pfeffer würzen.
1 Bund frischen Dill fein hacken, über den Fisch geben und alles vorsichtig durchmengen. Den Backofen auf 180–200 °C vorheizen.
4 Eier mit
1 l Sahne verquirlen und mit
Salz, Pfeffer, Zucker
1–2 Knoblauchzehen würzen. Den Brokkoli und den Lachs gleichmäßig in mehreren Schichten in der Springform verteilen,
geriebenen Gouda nach Belieben darübergeben und die Sauce über dem Belag verteilen. Dabei sollten alle Zutaten gut bedeckt sein. Die Torte kommt auf der mittleren Schiene für 40–50 Minuten in den Ofen.
Für die kalte Jogurtsauce
300 g Jogurt mit dem Saft von
1 Orange
Salz, Pfeffer, Zucker
1 Bund frischen Schnittlauch – fein in Röllchen gehackt – verrühren.
Die Torte aus der Springform lösen, in gleichmäßige Tortenstücke schneiden und die Portionen an der Jogurtsauce anrichten.

PRODUKT*INFO* **Brokkoli**

Brokkoli ist der feine Verwandte des Blumenkohls. Wie bei diesem werden die Blüten verzehrt, aber auch die geschälten Stiele. Ursprünglich stammt Brokkoli aus Kleinasien. Heute wird er überwiegend in Italien und Spanien angebaut. Die Erntezeit liegt zwischen November und März.

Das Gemüse sollte – in eine Folie gewickelt – im Kühlschrank aufbewahrt werden, dann bleibt es länger frisch. Gelben Brokkoli sollten Sie nicht kaufen – er blüht schon und ist ungenießbar! Brokkoli passt gut zu gebratenem Fleisch, Fisch und Eierspeisen. Auch als Suppe ist er sehr schmackhaft. Der leicht bekömmliche Edelkohl ist eine echte Vitaminbombe: Er enthält 30-mal so viel Provitamin A wie Blumenkohl und sein Vitamin-C-Gehalt ist nahezu so hoch wie der von Paprika.

Brokkoli sollte regelmäßig auf dem Speisezettel stehen – er wirkt blutdrucksenkend, schützt gegen Krebs und gilt als hochwirksamer Fettkiller.

Austernpilzragout
mit grünem Spargel

1 Zwiebel	schälen und würfeln.
750 g Austernpilze	mit einer Pilzbürste putzen und in Scheiben schneiden.
750 g grünen Spargel	waschen, die weißen Enden entfernen und in 3–4 cm große Stücke schneiden.
1 Bund Schnittlauch	
1 Bund Petersilie	fein hacken.
1 Zitrone	auspressen.
	Für den Salat
4 große Karotten	
1 Apfel	schälen und fein raffeln, beides gut durchmischen und mit
etwas Zitronensaft, Sonnenblumenöl	
Salz, Pfeffer, 1 Prise Zucker	würzen.
	Den Spargel in Salzwasser kalt ansetzen und 10 Minuten garen. Für das Ragout die Austernpilze nach und nach in
1–2 EL Öl	unter häufigem Wenden anbraten, die Zwiebel anschwitzen, für den Geschmack
30 g Butter	dazugeben, mit
50 ml Weißwein	ablöschen und mit
Zitronensaft, Salz und Pfeffer	abschmecken.
200 ml Sahne	hinzufügen und 10 Minuten köcheln lassen. Parallel
400 g Schwäbische Bauernspätzle	in reichlich Salzwasser garen.

Zum Schluss die Spargelstücke unter die Pilze ziehen, die Kräuter untermischen und das Ragout noch einmal abschmecken. Die Spätzle mit dem Austernpilzragout portionsweise anrichten und nach Belieben mit frischen Kräutern dekorieren. Dazu gibt es den Karottensalat.

TIPP

Die Austernpilze nur bürsten, nicht waschen, da sie sonst zu viel Wasser ziehen und in der Pfanne schwammig werden.

TIPP

Den aus der Mittelmeerregion stammenden grünen Spargel muss man nicht schälen. Das oberirdisch wachsende Gemüse ist grün, weil es mit dem Sonnenlicht in Berührung kommt, und hat eine dünnere Schale als der weiße Spargel. Man muss nur die weißen Enden entfernen, weil die holzig sind. Die grüne Variante ist teurer, wird aber auch bei uns immer beliebter, weil sie einfacher zu verarbeiten ist und würziger schmeckt.

Thomas Güthoff

Ob Shoppen, Schlemmen oder Schmökern, immer ist der „Treffpunkt" – in Dortmund direkt am Tierpark gelegen – die richtige Adresse.

Hier kann man sich mit Leckereien aus ökologischem An-bau verwöhnen lassen. Täglich wechselt das reichhaltige Angebot frischer vegetarischer Gerichte, die per Partyservice auch nach Hause geliefert werden.

Küchenchef Thomas Güthoff legt dabei besonderen Wert auf die enge Zusammenarbeit mit Bio-Produzenten aus der Region. Der Naturkostladen im „Treffpunkt" bietet saisonales Obst und Gemüse, Brot, Backwaren, Käse und Wein, Kinderspielzeug und Naturkos-metik. Das dritte Standbein: die Buchhandlung. In allen Bereichen beschäftigt die gemeinnützige Einrichtung behinderte Menschen mit großem Erfolg. Als erstes Unternehmen in Nordrhein-Westfalen er-hielt der „Treffpunkt" das Gütesiegel für Biokost.

Marlies Tubes (Bottrop)

Möhrensuppe
mit Thymiansahne

	Als erstes
1 kg Möhren	waschen und schrappen oder mit einem Spargelschäler schälen. In kleine Scheiben schneiden und in einen Topf geben.
¾ l kräftige Hühner- oder Gemüsebrühe	dazugeben und mit
1 TL frisch gemahlenem Pfeffer	
1 TL Zucker, 1 TL Curry	
1 EL Tomatenmark	
Salz	würzen. 30 Minuten bei mittlerer Hitze garen, bis die Möhren weich sind. Dann die Möhren pürieren und
125 ml frisch gepressten Orangensaft	
200 ml Sahne	unterrühren.

Für die Thymiansahne

TIPP

Statt Thymian kann auch frischer Kerbel oder Petersilie genommen werden, je nach Geschmack.

| **125 ml Sahne** | halb steif schlagen und die Blätter von |
| **1 Bund Thymian** | zupfen. Einige Thymianblättchen beiseite legen, den Rest unter die Sahne heben. Die Suppe am besten auf vorgewärmten Tellern anrichten. Etwas Sahne als Häubchen dazugeben und mit Thymianblättchen dekorieren. |

PRODUKT*INFO* Thymian

I hr wunderschöner Garten und das Kochen sind die Leidenschaften von Marlies Tubes. Vor allem frische Kräuter gehören bei der Landfrau in jedes Gericht. Nur so kann sie nämlich auch einfache Rezepte wie die Möhrensuppe geschmacklich abwandeln und aufpeppen. Thymian ist zum Beispiel so ein Kraut, das in ihrer Küche häufig Verwendung findet.

Ursprünglich stammt Thymian aus der Mittelmeerregion. Er wurde von Mönchen über die Alpen gebracht und seitdem in mittelalterlichen Klostergärten als Würz- und Heilpflanze angebaut. Sein aromatisch-süßlicher Geschmack passt hervorragend zu mediterranen Gerichten. Vor allem Lammfleisch mundet mit Thymus vulgaris ganz ausgezeichnet.

Seine Blätter können von Mai bis November geerntet werden – die Pflanze dankt es durch zahlreiche neue Triebe. Wichtig zu wissen: Das getrocknete Kraut würzt stärker als die frischen Blätter. Die ätherischen Öle des Thymians fördern die Verdauung, sind antiseptisch und beruhigend. Als Tee oder Dampfbad hilft er bei Atemwegsinfektionen, Rheuma und allgemeiner Erschöpfung.

Marlies Tubes

Galaktoboureko

400 ml Milch
200 g Zucker, 140 g Grieß
8 Eier.

Die Zubereitung des Desserts beginnt mit der Füllung. Zunächst erhitzen, nach und nach unter ständigem Rühren dazugeben, zuletzt

INFO

Wie das Garnelensaganaki ist auch der Grießcremekuchen ein typisches griechisches Sommergericht. Der superdünne Blätterteig besteht nur aus Wasser, Mehl und etwas Salz und ist daher anders als unser Blätterteig kein bisschen fett. Aufgrund seiner Zusammensetzung eignet er sich für salzige und süße Füllungen – Experimente sind erwünscht! Sie bekommen ihn wie die Paprika in griechischen und türkischen Lebensmittelgeschäften.

2 TL Butter

Wenn die Creme dick ist, unterrühren – das rundet den Geschmack ab und verhindert, dass die Füllung eine Haut bekommt.
Die Teigstreifen von

1 Paket Filoteigblätter
2 TL flüssiger Butter

mit bestreichen, zwei Lagen übereinander legen, einen Löffel Grießcreme so einrollen, dass aus den Streifen ein Dreieck gebildet wird. Die fertigen Dreiecke mit etwas Butter bestreichen und auf einem eingefetteten Backblech bei 180 °C ca. 7 Minuten backen.
In der Zwischenzeit aus

2 Tassen Wasser
2 Tassen Zucker
Saft von 1 Zitrone

einen Sirup kochen. Die goldbraunen Galaktoboureko-Dreiecke mit etwas Sirup übergießen, mit

Puderzucker
Minzblättchen

bestäuben und nach Belieben mit dekorieren.

Panagiota Polychronidou

In einem griechischen Folklore-Kurs haben sie sich kennen gelernt: Panagiota und ihr Mann Anastasios. Und als er vor 13 Jahren das nah der Dortmunder Universität gelegene „Wiewaldi" übernahm, war sie gleich mit Leib und Seele dabei. Im Ruhrgebiet aufgewachsen, hatte sie zunächst Germanistik und Anglistik studiert, doch die griechische Küche war schon immer ihr Steckenpferd: Rezepte sammeln und ausprobieren – regelmäßig fährt die sympathische Griechin dafür auch in ihre Heimat.

Traditionelle griechische Küche, aber auf ihre – moderne – Art zubereitet, einfach und frisch: Das ist das Credo von Panagiota Polychronidou. Zuständig für das mediterrane Restaurant-Ambiente und die wechselnde Speisekarte, setzt die erfolgreiche Unternehmerin auf immer neue Ideen.

Das idyllisch im alten Dorfkern von Barop gelegene „Wiewaldi" lädt deshalb nicht nur zu gehobener abwechslungsreicher Küche, sondern auch zu Ausstellungen und griechischen Musikabenden.

PRODUKT*INFO* **Blätterteig/Filoteig**

Mehl und Wasser sind Grundzutaten eines jeden Teigs. Das war schon bei den Germanen so und von ihnen stammt auch der Begriff: „daiga" bedeutet kneten, und genau das macht den Teig aus. Verfeinert wurde er im Laufe der Zeit mit Milch, Backtriebmitteln, Butter, Eiern, Zucker und Quark. Blätterteig entsteht dadurch, dass der Teig mehrmals ausgerollt, mit Fett bestrichen, kühl gestellt und wieder ausgerollt wird – dadurch entstehen zwischen 145 und 730 Teigschichten. Heutzutage ist dieses aufwändige Verfahren allerdings keine Arbeit mehr für die Backstube – Blätterteig wird fast ausschließlich maschinell hergestellt.

Der von Panagiota Polychronidou verwendete Filoteig („filo" bedeutet im Griechischen „Blatt") ist eine hauchdünne, aus Wasser und Mehl bestehende Teigplatte. Zart wie Seidenpapier, ist der Filoteig die Basis vieler orientalischer Spezialitäten. Sie können in Öl schwimmend oder im Ofen gebacken werden. Man erhält das Originalprodukt bei uns meist gerollt und tiefgekühlt im Spezialgeschäft.

Egal ob als Vorspeise mit Schafskäsefüllung oder als Dessert mit Grießcreme wie in diesem Rezept – vor der Verwendung sollte der Filoteig großzügig mit Milch und flüssiger Butter bestrichen werden.

Garnelensaganaki

Für die Vorspeise

4 große Tomaten nach Belieben häuten, würfeln oder raspeln.

2 grüne Paprika putzen und fein würfeln,

1 Zitrone auspressen,

1 Scheibe Schafskäse grob würfeln.

Das Gemüse in einer Pfanne 5 Minuten köcheln lassen.

16 Garnelen nach Belieben mit Schale oder gesäubert zum Gemüse geben und mit

frisch gemahlenem schwarzem Pfeffer, Salz, Oregano und

einem Schuss Zitronensaft würzen.

Etwas Olivenöl dazugeben, die Pfanne von der Kochstelle nehmen und alles mit dem gewürfelten Schafskäse vermengen.

Mit

ein paar Salatblättern anrichten und mit

gehackter glatter Petersilie dekorieren.

TIPP

Bei heißem Wetter machen die Griechen diese Vorspeise auch gern zum Hauptgericht: Salat dazu und ein paar Garnelen mehr und Ihre Gäste sind rundherum zufrieden …

PRODUKT*INFO* **Griechische Küche**

Die griechische Küche vereint türkische, italienische und arabische Gerichte und – es gibt sogar deutsche Einflüsse: König Otto brachte nämlich das erste Bier nach Griechenland. Ihre Anfänge kann man bis in die byzantinische Zeit zurückverfolgen. Der traditionelle Kochstil ist in jedem Fall gesund: Viel Gemüse, bestes Olivenöl und frische Kräuter bilden die Grundzutaten. Anders als griechische Touristenlokale oder „der Grieche" um die Ecke nahe legen, spielen Fleisch und Fisch bei der täglichen Speisenfolge der Einheimischen eine Nebenrolle. Das im europäischen Vergleich besonders hohe Lebensalter der Griechen spricht für sich und vielleicht haben sich Zeus, Dionysos und Aphrodite ja deshalb in Hellas niedergelassen, weil man dort göttlich schlemmen kann …

Die beiden Rezeptvorschläge von Panagiota Polychronidou sind typische griechische Sommergerichte, dazu etwas Salat und Fisch und das Menü ist perfekt für ein entspanntes Treffen mit Freunden. Denn genau das lieben die Griechen: gemütlich zusammensitzen, lecker essen und viel Zeit zum Reden …

Adressen

Alphabetisches Register

Sachregister

Vegetarisches

Kuchen

Desserts

Impressum

© Landwirtschaftsverlag GmbH, Münster, 2005

Das Werk einschließlich aller seiner Teile ist urheberrechtlich geschützt. Jede Verwertung außerhalb der engen Grenzen des Urheberrechts ist ohne Zustimmung des Verlages unzulässig und strafbar. Das gilt insbesondere für Vervielfältigungen, Übersetzungen, Mikroverfilmungen und die Einspeicherung und Verarbeitung in elektronischen Systemen.

Gestaltung: high standArt, Münster
Fotos: Dirk Vogel, Dortmund
Lektorat: Dorothea Raspe, Münster

Gedruckt auf chlorfrei gebleichtem Papier
Printed in Germany
ISBN 3-7843-3357-5

WDR - Bibliothek

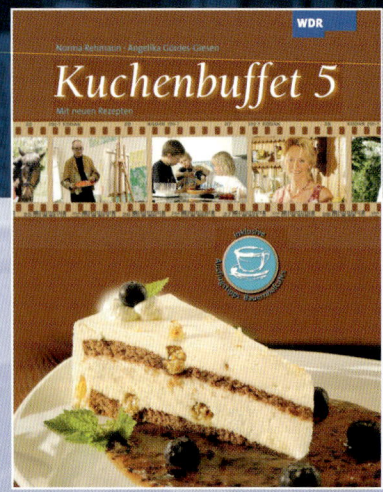

Kuchenbuffet 5
ISBN 3-7843-3350-8

Angelika Gördes-Giesen/Norma Rehmann - 112 Seiten, gebunden - Format 20 x 25 cm - € 15,95

Kuchenbuffet 1
ISBN 3-7843-3096-7

Kuchenbuffet 2
ISBN 3-7843-3159-9

Kuchenbuffet 3
ISBN 3-7843-3223-4

Kuchenbuffet 4
ISBN 3-7843-3297-8

**Südwestfalen
Lecker!**
ISBN 3-7843-3349-4

G. Lembeck.
124 Seiten, gebunden,
Format 20 x 25 cm

€ 15,95

Ruhrpott 1
ISBN 3-7843-3301-X

Wietfeld, C./ Wirtz, A.
112 Seiten, gebunden,
Format 20 x 25 cm

€ 14,95

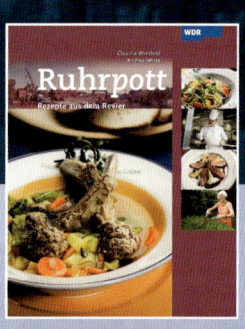

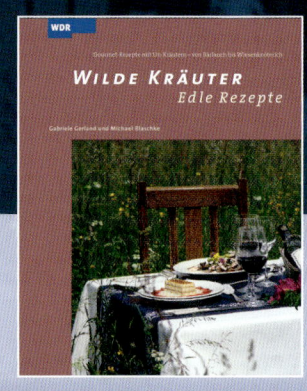

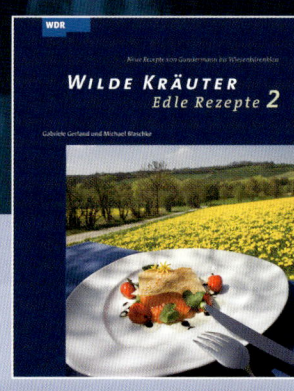

Michael Blaschke/
Gabriele Gerland
112 Seiten, gebunden,
Format 20 x 25 cm

€ 14,95

**Wilde Kräuter
– Edle Rezepte**
(Teil 1)
ISBN 3-7843-3164-5

**Wilde Kräuter
– Edle Rezepte**
(Teil 2)
ISBN 3-7843-3304-4

Bestellung:

Landwirtschaftsverlag GmbH
Leserservice
48084 Münster

per Telefon: 0 25 01/ 8 01-3 00
per Fax: 0 25 01/ 8 01-3 51
per E-Mail: service@lv-h.de

... und überall im Buchhandel